経理担当者と市町村職員のための

償 却 資 産
実務と調査の基本

税理士 **大 場 智** 著

償却資産申告書と固定資産台帳、

法人税申告書別表の

対応関係を実例で解説

一般財団法人 大蔵財務協会

はじめに

　本書は、固定資産税の償却資産について、筆者が東京都職員として課税事務・調査事務に携わった経験や、現在、税理士として行っている償却資産の申告実務の経験、資産評価システム研究センターの特任講師として市町村職員向けに償却資産の研修講師を務めてきた経験をもとに執筆しております。

　償却資産は、事業者に申告義務があるとはいえ、制度として一般にあまり馴染みがないことから、全ての事業者が申告しているとはいえず、また、非常に分かりにくい点が多いことから、課税逃れをする意図がなくても、結果として申告漏れが生じているケースが多々あります。

　本書では、実務書として償却資産の基礎を解説するとともに、税理士、事業者や企業の経理担当者の申告実務及び市町村職員の償却資産事務の参考となるよう、償却資産に関する Q&A や東京都・市町村で取り組んでいる具体的な調査手法についても解説しています。

　また、幅広い分野にわたる行政のジョブローテーションの中ではじめて税務に携わることの多い市町村職員向けに、償却資産の理解に必要な簿記の基礎や企業会計・税務会計の基礎についても取り上げております。

　償却資産に関する書籍はまだまだ多いとはいえませんので、本書が償却資産の理解の助けとなり、適正公平な課税という租税が目指すべき理想に少しでも貢献できましたら、税理士としても、元行政職員としてもこれ以上に嬉しいことはありません。

　なお、本書の位置づけはあくまで償却資産の基礎であり、家屋と償却資産の区分に係る詳細な内容や、償却資産に特有の非課税、課税標準の特例、減免といった本書でカバーできなかった論点もあります。それらの点につ

いては、参考文献として巻末に記載しました優れた類書がありますので、本書を導入編として、それらもご参照のうえ償却資産の理解を深めていただけますと幸いです。

　最後に本書の刊行の機会を与えてくださいました大蔵財務協会の編集局の皆様、執筆にあたってアドバイスくださいました資産評価システム研究センター特任講師の梶原正樹氏、笹目孝夫氏、徳本悟氏、同主任研究員の佐藤貞夫氏に心から感謝を申し上げます。

　令和3年11月

大場　智

　本書の文中、文末引用条文の略称は、次のとおりです。

地法……………………地方税法

地令……………………地方税法施行令

地規……………………地方税法施行規則

法法……………………法人税法

法令……………………法人税法施行令

法規……………………法人税法施行規則

所法……………………所得税法

所令……………………所得税法施行令

所規……………………所得税法施行規則

措法……………………租税特別措置法

措令……………………租税特別措置法施行令

総務省取扱通知……地方税法の施行に関する取扱いについて

　　　　　　　　　　（市町村税関係）（平成 22 年 4 月 1 日総税市第 16

　　　　　　　　　　号各都道府県知事宛総務大臣通知）

耐用年数通達………耐用年数の適用等に関する取扱通達

法基通…………………法人税基本通達

所基通…………………所得税基本通達

措通……………………租税特別措置法関係通達

　本書は、令和 3 年 11 月 1 日現在の法令・通達等に基づき解説してい

ます。

目　次

第1章　償却資産申告の基礎

第2章　償却資産の事務処理のヒント

第3章　償却資産調査の実態と対応

第4章　償却資産の理解に必要な簿記、税務会計の基礎知識

第1章
償却資産申告の基礎

(1) 償却資産の概要

① 固定資産税としての償却資産

償却資産とは、土地や家屋以外の事業用の固定資産で、固定資産税の課税対象となるものをいいます。

毎年1月31日（土日祝日の場合は、次の平日）までに資産の所在する市町村（東京都特別区は都税事務所をいいます。以下同じ。）に1月1日現在に保有する償却資産を申告する必要があります。

償却資産に対する固定資産税のことを「償却資産税」と呼んでいる方もいますが、地方税法上は償却資産税という項目はなく、正しくは固定資産税（償却資産）と記載すべきものです。

土地や家屋に対する固定資産税と区別するために、あえて償却資産税と使い分けている方も多いかもしれませんが、筆者が都税事務所にて償却資産担当をしていた際に、償却資産には「固定資産税」と「償却資産税」がそれぞれ課税されると思い違いをしていた事業者もいましたので、かえって分かりにくくなっているものと見受けられます。本書でも償却資産税とは記載せずに「償却資産」又は「固定資産税（償却資産）」と正しい用語にて記載していきます。

なお、税法上は用語の定義が非常に重要ですので、仮に一般的と思われる用語であっても、その法律でその用語がどのような定義をされているのかを個々に確認することが正確な理解につながります。

1

また、固定資産税（償却資産）は、事業用資産を所有する事業者がその所在している市町村から受ける有形無形の行政サービスの下で事業活動を行っていることに着目した「応益課税の原則」に基づき課税される税金です。よって、仮に利益が出ていない事業者であっても、一定程度の償却資産を事業の用に供している場合には、固定資産税が課税されますので、その所有する償却資産を申告する必要があります。

　まず、地方税法における固定資産税の用語の意義から説明します。
　地方税法上の「固定資産」とは、土地、家屋及び償却資産を総称するとされています（地法341 一）。
　土地は、田、畑、宅地、塩田、鉱泉地、池沼、山林、牧場、原野その他の土地をいいます（地法341 二）。
　家屋は、住家、店舗、工場（発電所及び変電所を含む。）、倉庫その他の建物をいいます（地法341 三）。
　償却資産は、土地及び家屋以外の事業の用に供することができる資産をいいます（地法341 四）。
　償却資産の定義については、下記②で説明しますが、ポイントとしては、土地と家屋以外の有形固定資産で、事業用の資産であることです。

<図表 1－1　地方税法上の固定資産>

地方税法上の固定資産……土地、家屋、償却資産の総称

土地	田、畑、宅地、塩田、鉱泉地、池沼、山林、牧場、原野その他の土地
家屋	住家、店舗、工場（発電所及び変電所を含む。）、倉庫その他の建物
償却資産	土地及び家屋以外の事業の用に供することができる資産

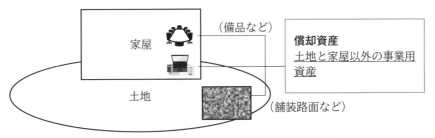

＜図表1-2　固定資産税の課税対象（イメージ）＞

土地、家屋　　所有していれば原則として固定資産税の課税対象
　　　　　　　（法人や個人事業者でなくても納税通知書が届く）
償却資産　　　事業用のみ固定資産税の課税対象
　　　　　　　（法人や個人事業者が申告して納税通知書が届く）

　次に、法人税法又は所得税法における固定資産との違いを説明します。

　法人税法の「固定資産」とは、土地（土地の上に存する権利を含む。）、減価償却資産、電話加入権その他の資産をいいます（法法2二十二）。そのうち、「減価償却資産」とは、建物及び附属設備、構築物、機械及び装置、船舶、航空機、車両及び運搬具、工具、器具及び備品、無形固定資産、生物で償却をすべきものをいいます（法法2二十三、法令13）。

　よって、法人税法の「減価償却資産」は固定資産税の償却資産に近い概念と言えますが、償却資産の対象とならない建物（固定資産税の家屋評価の対象となるもの）、車両及び運搬具（自動車税、軽自動車税の課税客体となるもの）、無形固定資産（ソフトウエア等）等が含まれています。

　所得税法の固定資産は、法人税法の固定資産とほぼ同様です（所法2十八、十九、所令6）。

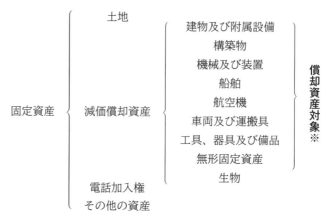

<図表1-3　　法人税法、所得税法における固定資産>

固定資産
- 土地
- 減価償却資産
  - 建物及び附属設備
  - 構築物
  - 機械及び装置
  - 船舶
  - 航空機
  - 車両及び運搬具
  - 工具、器具及び備品
  - 無形固定資産
  - 生物
  } 償却資産対象※
- 電話加入権
- その他の資産

※　家屋評価の対象となる建物及び附属設備等、自動車税・軽自動車税の課税客体となる車両及び運搬具等の一定のものを除きます。

　なお、法人税法又は所得税法で減価償却資産とされる生物（法令13⑨、所令6⑨）については、その性質から償却資産の申告対象外とされていますが（総務省取扱通知第3章第1節第1五但し書き）、工具、器具及び備品とされる観賞用、興行用その他これらに準ずる生物（法令13⑦括弧書き、所令6⑦括弧書き）は、償却資産の申告対象となります。

　このように、固定資産税の償却資産は、法人の会計処理における減価償却資産と同一ではありませんので、償却資産の申告の際には、市町村の申告の手引き等を参考に何が申告対象であるかを注意する必要があります。

　一方、申告を処理する市町村においても、その申告されている資産が償却資産の対象かどうか、償却資産の申告漏れや申告誤りがないかの調査が重要となります。

Q1−1　事業用資産

事業用の固定資産ということは、家庭用の器具備品などの非事業用資産は対象外でしょうか？

A　非事業用資産は、固定資産税（償却資産）の申告対象外です。

Q1−2　事業とは

事業とは、営利事業のことでしょうか？

A　事業とは、一定の目的のために一定の行為を継続、反復して行うことであって、必ずしも営利又は収益を目的とする必要はないとされています。例えば、公益法人等の行う活動についても事業に該当します。

また、「事業の用に供する」とは、資産をその事業に直接、間接問わずに使用することをいいます。具体的には、企業の福利厚生施設の用に供されているような資産であっても、償却資産の申告対象となります。

Q1-3　事業専用割合

　所得税の確定申告において、事業専用割合を50％として減価償却費の必要経費算入額を計算している資産があります。償却資産の取得価額も50％として申告すればよいでしょうか？

A　固定資産評価基準（下記⑷①参照）において、前年中に取得された償却資産にあっては、その償却資産の取得価額を基準としてその価額を求めるとされており、その取得価額について事業専用割合に按分して計算することはできません。よって、一部でも事業の用に供している資産については、その取得価額の総額が固定資産税（償却資産）の課税対象となります。

Q1-4　土地と一体となっている資産

　土地と一体となっている舗装路面（アスファルトなど）や緑化施設も償却資産の申告対象でしょうか？

A　舗装路面や緑化施設は、耐用年数通達において構築物として扱われていますので、法人税又は所得税の取扱いにおいて土地ではなく、構築物として減価償却の対象となります（耐用年数通達2-3-8の2、2-3-10、2-3-11）。よって、償却資産の申告対象になります。

　なお、ゴルフコースのフェアウェイ、グリーン、築山、池その他これらに類するもので、一体となってゴルフコースを構成するものは、土地として取り扱われます（耐用年数通達2-3-6（注））。

地方税法

第341条　固定資産税に関する用語の意義

　固定資産税について、次の各号に掲げる用語の意義は、それぞれ当該各号に定めるところによる。

一　固定資産　土地、家屋及び償却資産を総称する。

二　土地　田、畑、宅地、塩田、鉱泉地、池沼、山林、牧場、原野その他の土地をいう。

三　家屋　住家、店舗、工場（発電所及び変電所を含む。）、倉庫その他の建物をいう。

四　償却資産　土地及び家屋以外の事業の用に供することができる資産（鉱業権、漁業権、特許権その他の無形減価償却資産を除く。）でその減価償却額又は減価償却費が法人税法又は所得税法の規定による所得の計算上損金又は必要な経費に算入されるもののうちその取得価額が少額である資産その他の政令で定める資産以外のもの（これに類する資産で法人税又は所得税を課されない者が所有するものを含む。）をいう。ただし、自動車税の種別割の課税客体である自動車並びに軽自動車税の種別割の課税客体である原動機付自転車、軽自動車、小型特殊自動車及び二輪の小型自動車を除くものとする。

法人税法

第2条　定義

二十二　固定資産　土地（土地の上に存する権利を含む。）、減価償却資産、電話加入権その他の資産で政令で定めるものをいう。

二十三　減価償却資産　建物、構築物、機械及び装置、船舶、車両及び運搬具、工具、器具及び備品、鉱業権その他の資産で償却をすべきものとして政令で定めるものをいう。

法人税法施行令

第13条　減価償却資産の範囲

法第2条第23号（定義）に規定する政令で定める資産は、棚卸資産、有価証券及び繰延資産以外の資産のうち次に掲げるもの（事業の用に供していないもの及び時の経過によりその価値の減少しないものを除く。）とする。

一　建物及びその附属設備（暖冷房設備、照明設備、通風設備、昇降機その他建物に附属する設備をいう。）

二　構築物（ドック、橋、岸壁、桟橋、軌道、貯水池、坑道、煙突その他土地に定着する土木設備又は工作物をいう。）

三　機械及び装置

四　船舶

五　航空機

六　車両及び運搬具

七　工具、器具及び備品（観賞用、興行用その他これらに準ずる用に供する生物を含む。）

八　次に掲げる無形固定資産

　イ　鉱業権（租鉱権及び採石権その他土石を採掘し又は採取する権利を含む。）

　ロ　漁業権（入漁権を含む。）

　ハ　ダム使用権

　ニ　水利権

　ホ　特許権

　ヘ　実用新案権

　ト　意匠権

　チ　商標権

　リ　ソフトウエア

　ヌ　育成者権

　ル　公共施設等運営権

　ヲ　樹木採取権

　ワ　営業権

（中略）

九　次に掲げる生物（第7号に掲げるものに該当するものを除く。）

　イ　牛、馬、豚、綿羊及びやぎ

　ロ　かんきつ樹、りんご樹、ぶどう樹、梨樹、桃樹、桜桃樹、びわ樹、くり樹、梅樹、柿樹、あんず樹、すもも樹、いちじく樹、キウイフルーツ樹、ブルーベリー樹及びパイナップル

　ハ　茶樹、オリーブ樹、つばき樹、桑樹、こりやなぎ、みつまた、こうぞ、もう宗竹、アスパラガス、ラミー、まおらん及びホップ

②　償却資産の定義

　償却資産とは、<u>土地及び家屋以外の事業の用に供することができる資産でその減価償却費が法人税法又は所得税法の規定による所得の計算上損金又は必要な経費に算入されるもの</u>をいいますが、図表1-4のものはその対象から除かれます（地法341四、地令49）。

<図表 1−4　償却資産申告対象外の資産>

無形固定資産	鉱業権、漁業権、特許権、ソフトウエア等
取得価額が少額である資産	使用可能期間が1年未満であるもの又は取得価額10万円未満の資産でその事業年度において損金経理（費用計上）をしたもの
	取得価額20万円未満の資産のうち3年間で一括償却したもの
	法人税法又は所得税法で売買があったものとされるリース資産で取得価額が20万円未満のもの
自動車	自動車税の課税客体であるもの
軽自動車	軽自動車税の課税客体であるもの

　つまり、土地及び家屋以外の事業用資産で有形固定資産であるものが対象となり、原則として20万円未満の少額の資産を除くものが償却資産となります。

　ここでの「事業の用に供することができる」とは、現実に事業の用に供されている資産のみではなく、一時的に遊休、未稼働であってもいつでも事業の用に供することができる状態であれば、償却資産の申告対象となります（総務省取扱通知第3章第1節第1四）。法人税又は所得税の取扱いにおいても、稼働を休止している資産で維持補修が行われており、いつでも稼働し得る状態にあるときは、減価償却資産に該当するものとされていますので（法基通7-1-3、所基通2-16）、そういったものは償却資産の申告対象となります。

　そして、「その減価償却費が法人税法又は所得税法の規定による所得の計算上損金又は必要な経費に算入されるもの」とは、現実に所得の計算上損金又は必要経費に算入されていることは要せず、その資産の性質

上損金又は必要な経費に算入されるべきものであれば足りるとされています（総務省取扱通知第3章第1節第1五）。

　そのため、中小企業が赤字決算などで減価償却費を計上していない場合も当然に償却資産の申告対象となりますし、何らかの理由で決算上、固定資産として計上されておらず減価償却の対象となっていない簿外資産についても、簿外資産であることを理由に償却資産の申告対象外とはなりません（総務省取扱通知第3章第1節第1六）。

Q1−5　取得価額 20 万円未満の資産

　取得価額 20 万円未満の資産は、全て償却資産の申告対象外でしょうか？

A　取得価額 20 万円未満の資産であっても、その事業年度に消耗品費等の勘定科目で費用計上せずに、法人税や所得税の計算上、固定資産に計上して減価償却している場合は、取得価額に関わらず償却資産の申告対象となります。

　また、取得価額 20 万円未満の資産で、中小企業者等の少額減価償却資産の取得価額の損金算入の特例（取得価額 30 万円未満の資産が対象）を適用して、その事業年度に費用計上した場合も、地方税法上、償却資産の申告対象から除かれていませんので、償却資産の申告対象となります（第2章(4)参照）。

　よって、償却資産の申告対象になるかどうかについては、法人税や所得税での処理に基づいて判断することとなります。

Q1-6　償却資産の申告対象となる自動車

　償却資産の申告対象となる「自動車税や軽自動車税の課税客体でない自動車」とはどういうものでしょうか？

A　ショベルローダやフォークリフトなどの特殊自動車で大型特殊自動車に該当するものをいいます。本来、道路運送の用に供するというよりも建設機械等の用に供するものとされますので、自動車税の課税客体ではなく償却資産の申告対象となります。ただし、これらの車両のうち、軽自動車税の課税客体となる小型特殊自動車に該当するものは償却資産の申告対象とはなりません。

Q1-7　リース資産の申告

　当社がリースにより使用している資産（リース資産）は、取得価額が20万円以上であっても償却資産の申告は不要でしょうか？

A　リース資産は、原則としてリース会社が償却資産の申告をする必要がありますので、そのリース資産の賃借人は申告不要です。

　ただし、法人税及び所得税において、売買があったものとされるリース取引のうち所有権移転リースについては、賃借人が申告をする必要があります。

　なお、法人税及び所得税において、売買があったものとされるリース取引のうち所有権移転外リース（平成20年4月1日以後に締結されたもの）については、そのリース資産の所有者であるリース会社（賃貸人）が申告をする必要があります。

Q1−8　未稼働資産

　未稼働資産について、法人税又は所得税で有姿除却の処理が認められたものは、償却資産の申告対象でしょうか？

A　次のような固定資産で法人税又は所得税で有姿除却の処理が認められたものは、事業の用に供することができる資産とは言えませんので、償却資産の申告対象外です（法基通 7-7-2、所基通 51-2 の 2）。

　ア　その使用を廃止し、今後通常の方法により事業の用に供する可能性がないと認められる固定資産

　イ　特定の製品の生産のために専用されていた金型等で、その製品の生産を中止したことにより将来使用される可能性がほとんどないことがその後の状況等をみて明らかなもの

地方税法

第 341 条　固定資産税に関する用語の意義

四　償却資産　土地及び家屋以外の事業の用に供することができる資産（鉱業権、漁業権、特許権その他の無形減価償却資産を除く。）でその減価償却額又は減価償却費が法人税法又は所得税法の規定による所得の計算上損金又は必要な経費に算入されるもののうちその取得価額が少額である資産その他の政令で定める資産以外のもの（これに類する資産で法人税又は所得税を課されない者が所有するものを含む。）をいう。ただし、自動車税の種別割の課税客体である自動車並びに軽自動車税の種別割の課税客体である原動機付自転車、軽自動車、小型特殊自動車及び二輪の小型自動車を除くものとする。

地方税法施行令

第49条　法第341条第4号の資産

　法第341条第4号に規定する政令で定める資産は、法人税法又は所得税法の規定による所得の計算上、法人税法施行令第133条若しくは第133条の2第1項又は所得税法施行令第138条若しくは第139条第1項の規定によってその取得価額（法人税法施行令第54条第1項各号又は所得税法施行令第126条第1項各号若しくは第2項の規定により計算した価額をいう。以下この条において同じ。）の全部又は一部が損金又は必要な経費に算入される資産とする。ただし、法人税法第64条の2第1項又は所得税法第67条の2第1項に規定するリース資産にあっては、当該リース資産の所有者が当該リース資産を取得した際における取得価額が20万円未満のものとする。

法人税法施行令

第133条　少額の減価償却資産の取得価額の損金算入

　内国法人がその事業の用に供した減価償却資産（第48条第1項第6号及び第48条の2第1項第6号（減価償却資産の償却の方法）に掲げるものを除く。）で、前条第1号に規定する使用可能期間が1年未満であるもの又は取得価額（第54条第1項各号（減価償却資産の取得価額）の規定により計算した価額をいう。次条第1項において同じ。）が10万円未満であるものを有する場合において、その内国法人が当該資産の当該取得価額に相当する金額につきその事業の用に供した日の属する事業年度において損金経理をしたときは、その損金経理をした金額は、当該事業年度の所得の金額の計算上、損金の額に算入する。

14

第133条の2　一括償却資産の損金算入

　内国法人が各事業年度において減価償却資産で取得価額が20万円未満であるもの（中略）を事業の用に供した場合において、その内国法人がその全部又は特定の一部を一括したもの（中略。以下この条において「一括償却資産」という。）の取得価額（中略）の合計額（以下この項及び第12項において「一括償却対象額」という。）を当該事業年度以後の各事業年度の費用の額又は損失の額とする方法を選定したときは、当該一括償却資産につき当該事業年度以後の各事業年度の所得の金額の計算上損金の額に算入する金額は、その内国法人が当該一括償却資産の全部又は一部につき損金経理をした金額（以下この条において「損金経理額」という。）のうち、当該一括償却資産に係る一括償却対象額を36で除しこれに当該事業年度の月数を乗じて計算した金額（中略。次項において「損金算入限度額」という。）に達するまでの金額とする。

（以下、略）

総務省取扱通知（市町村税関係）

第3章　固定資産税　第1節　通則　第1　課税客体

4　法第341条第4号の償却資産の定義のうち、「事業の用に供することができる」とは、現在事業の用に供しているものはもとより、遊休、未稼動のものも含まれる趣旨であるが、いわゆる貯蔵品とみられるものは、棚卸資産に該当するので、償却資産には含まないものであること（地法341Ⅳ）。

5　「その減価償却額又は減価償却費が法人税法又は所得税法の規定による所得の計算上損金又は必要な経費に算入されるもの」とは、

法人税法施行令第 13 条又は所得税法施行令第 6 条に規定する資産をいうものであるが、法第 341 条第 4 号の償却資産は、これらの資産のうち家屋及び無形固定資産以外の資産をいうものであり、現実に必ずしも所得の計算上損金又は必要な経費に算入されていることは要しないのであって、当該資産の性質上損金又は必要な経費に算入されるべきものであれば足りるものであること。

ただし、法人税法施行令第 13 条第 9 号又は所得税法施行令第 6 条第 9 号に掲げる牛、馬、果樹その他の生物は、これらの資産の性格にかんがみ、固定資産税の課税客体とはしないものとすること（地法 341 Ⅳ）。

6　いわゆる簿外資産も事業の用に供し得るものについては、償却資産の中に含まれるものであること。

③　償却資産の申告内容

償却資産を適正に申告するためには、償却資産の申告対象の判定と償却資産の評価の 3 要素（取得年月、取得価額、耐用年数）に誤りがないことが重要です。

ア　償却資産の申告対象の判定

償却資産の申告にあたって、償却資産申告対象となる事業用の固定資産の申告漏れがないことと、償却資産の申告対象外となる資産を誤って申告しないことの双方に注意する必要があります。

前者であれば申告漏れとして追加課税の問題になり、取得年月によっては 5 年遡及課税の対象となりますし（第 3 章(1)③参照）、後者であれば過大申告として還付の対象となります。過大申告のまま相当程

度の年数が経過した場合には、地方税上の規定で、法定納期限の翌日から起算して5年を経過した日以後において、賦課決定（還付）をすることができないとされていますので注意が必要です（地法17の5⑤）。

過大申告となる例としては、固定資産税の家屋評価の対象となる建物及び附属設備等や自動車税・軽自動車税の課税客体となる車両及び運搬具を誤って申告した場合、無形固定資産を工具、器具及び備品等として誤って申告した場合、他市町村所在の資産を申告した場合等が考えられます。

申告された資産名称等に疑問を持った市町村から事前に問合せがあり、賦課決定前に是正されるケースもありますが、資産名称のみでは判断できない場合や、市町村においても1月末期限の申告を受けた全事業者分を一斉に処理しているため、賦課決定前に全てをチェックするのは現実的に難しいものと考えられます。

よって、事業者側もあらためて申告内容をチェックする必要がありますし、過年度に申告した資産については、除却等により減少されない限り、そのまま継続して申告対象となるケースが多いので、過年度の申告も定期的に見直すことも重要です。

イ　償却資産の評価の3要素

償却資産の申告書には、資産の名称とともに取得年月、取得価額、耐用年数を記載する必要があり、これらの内容は償却資産の評価額の計算に影響がありますので、記載誤りに注意が必要です。

㋐　取得年月

償却資産の取得とは、所有権を取得し、かつ、事業の用に供する状況になったことをいいます。また、家屋の附帯設備（第2章(5)②参照）については、附帯設備を取り付けた者が所有者とみなされま

すが（地法 343 ⑩）、その者がその附帯設備を事業の用に供することができる状況となったときが取得時期となります。

　また、償却資産における取得年月と税務会計における取得年月は原則として同じになるため（国税準拠）、取得年月の認定は、税務署の取扱いに準じます。

　償却資産の評価額及び課税標準額の計算においては、下記(4)①のとおり、「前年中に取得した資産」は、一律で半年償却として計算されるため、1月の取得であっても12月の取得であっても評価額に影響はありません。市町村の調査において、固定資産台帳等との一品照合が行われる可能性があり（第3章(3)②参照）、それらの償却資産申告書の基礎資料と整合性のある申告をするという点で取得年月日を誤らないことが重要であることは言うまでもありませんが、税額への影響という観点においては、特に取得年次を誤らないことと毎年の申告で申告漏れを生じさせないことが重要です。

　もし、前年度の申告でその前年中に取得した資産に申告漏れが生じていたことが判明した場合は、前年度の修正の申告書を提出するとともに、当年度においても正しい取得年月で申告する必要があります。

　例えば、令和4年度の申告において、令和2年取得分の資産について令和3年度の申告から漏れていたことが判明した場合には、令和3年度の修正の申告書の提出とあわせて令和4年度においても正しい取得年月で申告を行う必要があります。

　なお、前年中に取得した資産の「前年中」とは、前年度の賦課期日の翌日からその年度の賦課期日までの期間とされています。よって、令和4年度申告における前年中とは、令和3年1月2日から令和4年1月1日までとなります。

Q1-9　建設仮勘定

建設仮勘定で経理している製造中の機械について、その一部が先行して完成したため、現場で既に事業の用に供していました。市町村の調査にて、事業の用に供している部分は償却資産の申告対象と指摘されましたが、取得年月が国税準拠ということと矛盾しないでしょうか？

A　建設中又は製造中の資産が企業会計及び税務会計上、「建設仮勘定」として経理されていて減価償却を開始していないとしても、その一部が賦課期日までに完成し、事業の用に供されている場合は、その一部について事業の用に供したときが取得年月となり、償却資産の申告対象となります（総務省取扱通知第3章第1節第1七）。

また、法人税基本通達においても、その完成した部分が事業の用に供されているときは、その部分は減価償却資産に該当するものとするとされています（法基通7-1-4）。ただし、税務会計上は、任意償却とされているため、減価償却費の計上は強制されません（第4章(2)④参照）。

総務省取扱通知（市町村税関係）
第3章　固定資産税　第1節　通則　第1　課税客体

7　建設中仮勘定において経理されているものであっても、その一部が賦課期日までに完成し、事業の用に供されているものは、償却資産として取り扱うこと。

法人税基本通達

7−1−4　建設中の資産
　建設中の建物、機械及び装置等の資産は減価償却資産に該当しないのであるが、建設仮勘定として表示されている場合であっても、その完成した部分が事業の用に供されているときは、その部分は減価償却資産に該当するものとする。

(イ)　取得価額
　　取得価額は、その取得時において通常支出すべき金額として、その資産の購入の対価等とその資産の購入のために直接要した付帯費の額を含むものとし、その取得価額の算定は、法人税法及び所得税法における取得価額の算定の方法の例によって算定するものとする（国税準拠）とされています（固定資産評価基準第3章第1節五、六）。

Q1−10　取得価額と消費税

　消費税は取得価額に含まれますか？

A　償却資産の取得価額は、法人税法及び所得税法における取得価額の算定の方法の例によって算定するものとされているため、法人税又は所得税の会計処理において、税抜経理方式を採用している場合は消費税を含まない金額となり、税込経理方式を採用している場合は消費税を含めた金額となります。

五　取得価額

　償却資産の取得価額とは、償却資産を取得するためにその取得時において通常支出すべき金額（当該償却資産の引取運賃、荷役費、運送保険料、購入手数料、関税、据付費その他当該償却資産をその用途に供するために直接要した費用の額（以下「付帯費の額」という。）を含む。）をいうものとし、原則として、他から購入した償却資産にあってはその購入の代価に、自己の建設、製作、製造等に係る償却資産にあってはその建設、製作、製造等のための原材料費、労務費及び経費の額に当該償却資産の付帯費の額を含めた金額によるものとする。ただし、当該金額が当該償却資産を取得するためにその取得時において通常支出すべき金額と認められる額と明らかに、かつ、著しく相違すると認められる場合にあっては、その取得時において通常支出すべき金額によるものとする。

六　取得価額の算定

　償却資産の取得価額は、本章に特別の定めがある場合を除くほか、法人税法（昭和40年法律第34号）及びこれに基づく命令又は所得税法（昭和40年法律第33号）及びこれに基づく命令による所得の計算上当該償却資産の減価償却費の計算の基礎となる取得価額の算定の方法の例によって算定するものとする。ただし、法人税法第42条から第50条まで及び第142条の規定により法人の各事業年度の所得の計算上損金に算入される額並びに所得税法第42条から第44条まで及び第165条の規定により個人の各年の所得の計算上総収入金額に算入しない額は、当該償却資産の取得価額に含めて算定するものとし、同法

第58条に規定する取得資産の取得価額は、当該取得資産の取得時における価額によって算定するものとする。

㈡ 耐用年数

耐用年数は、減価償却資産の耐用年数等に関する省令（以下「耐用年数省令」といいます。）によるものとする（国税準拠）とされています（固定資産評価基準第3章第1節八）。

なお、税務会計上「建物」と一体として減価償却している場合でも家屋評価の対象とならない受変電設備等の附属設備や外構工事等の構築物が償却資産の申告対象となりますが、その際に申告すべき耐用年数は、他の事業者との均衡の取れた課税内容とする観点から、税務会計上、実際に適用されている「建物」の耐用年数ではなく、その資産を附属設備や構築物として減価償却する場合に適用すべき耐用年数にて申告することが妥当と考えられます（筆者私見）。

ただし、この具体的な取扱いについては、市町村の個別判断によるものと考えられますので、市町村と個別に相談する必要があります。

八　耐用年数

　償却資産の耐用年数は、減価償却資産の耐用年数等に関する省令（昭和40年大蔵省令第15号）別表第1、別表第2、別表第5及び別表第6に掲げる耐用年数によるものとする。ただし、耐用年数の全部又は一部を経過した償却資産で減価償却資産の耐用年数等に関する省令第3条第1項及び第2項の規定による耐用年数によるものにあっては当該耐用年数によるものとする。

Q1−11　耐用年数経過済の資産

　耐用年数が経過して償却済となった資産について、例えば昭和40年に取得したような古いものでも償却資産の申告対象でしょうか？

A　法人税や所得税で償却済（その帳簿価額が1円）の資産であっても、事業の用に供することができるものは、償却資産の申告対象となります。

　なお、法人税や所得税で帳簿価額が1円まで償却済であっても、償却資産の評価額は、取得価額の5%となります（下記④参照）。

④　法人税・所得税との違い

　取得年月、取得価額、耐用年数を原則として国税準拠とする一方で、法人税、所得税の取扱いとの相違点もあります。

　法人税や所得税においては、事業年度や暦年（1月1日から12月31日まで）といった一定期間の所得金額（期間収益）を計算するために、減価償却資産の取得価額をその耐用年数（使用期間）に応じて費用処理する減価償却の規定が設けられていますが、償却資産においては、資産課税としてその財産価値に応じた税負担を求めるための償却計算が行われます。

　よって、その趣旨の違いから償却方法が異なっていることや、法人税や所得税で認められている規定が認められない等の相違点があります。

　例えば、法人税における圧縮記帳や特別償却は、取得価額の圧縮や減価償却額の割増により費用処理を早期にすることで課税の繰延べを認めるものですが、償却資産の評価においては、圧縮記帳や特別償却を認めると課税の繰延べではなく、評価額の減少による各年度の固定資産税の減収となるため認められていません。

　法人税、所得税との相違点の主なものは、図表1-5のとおりです。

<図表1−5　法人税、所得税との相違点>

項目	法人税、所得税の取扱い	償却資産の評価における取扱い
償却計算の趣旨	所得金額（期間収益）の計算のため	その償却資産の「価格」の算定（財産価値に着目）
償却計算の基準日	事業年度（決算期）（所得税は12月31日）	賦課期日（1月1日）
減価償却の方法	定額法、定率法等の選択制 ※平成10年4月以後に取得した建物、平成28年4月以後に取得した附属設備、構築物は旧定額法又は定額法 ※平成19年4月1日以後に取得した資産は、定額法、定率法を適用 ※平成19年3月31日以前に取得した資産は旧定額法、旧定率法を適用	旧定率法
前年中の取得資産の償却方法	月割償却	半年償却（1/2）
事業用建物、附属設備等	減価償却資産の対象	固定資産税の家屋評価の対象となる場合は、償却資産の申告対象外
無形固定資産	減価償却資産の対象	償却資産の申告対象外
自動車税、軽自動車税の課税客体となる車両及び運搬具	減価償却資産の対象	償却資産の申告対象外
圧縮記帳	認められる	認められないため、圧縮記帳がないものとして算定
特別償却	認められる	認められないため、特別償却がないものとして算定

項目	法人税、所得税の取扱い	償却資産の評価における取扱い
共有資産	持ち分をそれぞれ減価償却	持ち分ごとの申告は認められず、共有者名（□□他○名）として合算して申告
評価額の最低限度	1円（備忘価額）	取得価額の5%
中小企業者等の少額減価償却資産の取得価額の損金算入の特例	認められる	認められないため、償却資産の申告対象

　なお、評価額の最低限度については、法人税や所得税の帳簿価額が備忘価額の1円まで償却済であっても、償却資産の評価においては、取得価額の5%とされます（固定資産評価基準第3章第1節十）。

　これは、平成19年度税制改正にて法人税の償却可能限度額（残存価額）が廃止され、1円までの償却が可能になった際に、地方税においては、資産課税の性格から従前の評価方法が維持されたためです。

　よって、特に取得価額が大きい資産については、その資産が1円まで償却済であっても、除却等により減少されない限り、その取得価額の5%について固定資産税の課税が継続することに注意が必要です。

固定資産評価基準　第3章　償却資産　第1節　償却資産

十　評価額の最低限度

　償却資産の評価額は、当該償却資産の評価額が当該償却資産の取得価額（物価変動に伴う取得価額の補正を行った場合においては、当該補正後の額とする。）又は改良費の価額の100分の5に相当する額を下ることとなる場合においては、当該100分の5に相当する額とする。

Q1−12　減価償却の方法（法人税、所得税との違い）

　法人税及び所得税では、平成 10 年 4 月以後に取得した建物、平成 28 年 4 月以後に取得した附属設備及び構築物は、定率法による償却が認められずに旧定額法又は定額法が適用されますが、償却資産の評価方法は旧定率法で良いでしょうか？

　定額法よりも定率法の方が当初の償却額が大きくなるので、償却資産の評価額及び課税標準額が小さくなりますが、問題ないでしょうか。

A　償却資産の評価においては、資産の種類に関わらず、一律旧定率法の償却率によるものとされています（下記⑷①参照）。

⑤　固定資産税における家屋との区分

　償却資産の申告にあたって、非常に難解な点として固定資産税における家屋との区分があります。

　家屋との区分を検討する場合には、その事業用の建物が「自己所有（オーナー）」か「借家（テナント）」かによって、取扱いが異なりますので、その建物の所有区分を確認する必要があります。そのため、償却資産申告書にも「事業所用家屋の所有区分（※)」という欄に「自己所有・借家」というチェック項目があります。

　※　さいたま市の償却資産申告書においては、「区内における事業所等資産の所在地及び家屋の所有区分」とされており、資産の所在地ごとに家屋の所有区分を記載する必要があります。このように、市町村により償却資産申告書の様式が少し異なる場合があります。

<図表 1−6　家屋の所有区分による相違>

事業所用家屋の所有区分	対象となる資産	家屋に対する固定資産税	附属設備等（償却資産）に対する固定資産税
自己所有（オーナー）	建物	所有者が納付	
	附属設備等（家屋対象）	所有者が納付	
	附属設備等（償却資産対象）		所有者が申告
借家（テナント）	賃借人が取り付けた内装等（償却資産対象※）		賃借人が申告

※　平成 16 年 4 月 1 日以後に取り付けた特定附帯設備に該当するもの

家屋との区分が問題になる。

　借家の賃借人（テナント）として、平成 16 年 4 月 1 日以後に建物に取り付けた内装工事、建築設備などの設備は、原則として建物の所有者（オーナー）の家屋評価に含めずに、賃借人が所有する償却資産となりますので、家屋との区分の問題は生じにくいといえます（第 2 章(5)参照）。

　一方、自己所有の建物に係る附属設備や構築物については、家屋評価の対象となるものとそうでないものがあり、上記②償却資産の定義のとおり、償却資産は「土地及び家屋以外の」事業の用に供することができる資産とされていることから、家屋評価の対象とされなかった附属設備や構築物のうち事業用のものは、償却資産の申告対象となります。

　家屋評価は、市町村によって行われますが、その詳細を事業者側が把握することは困難であるため、家屋評価の対象とされなかった償却資産を自ら申告するという制度が現実的には難しいものとなっています。

　よって、事業用の建物を取得又は建設した年の翌年の償却資産の申告

においては、取得価額が大きく申告漏れとなった場合に税額への影響が大きい附属設備や構築物について、市町村の申告の手引きを確認するとともに、前もって市町村に照会するなど注意する必要があります。

東京都主税局のWEBサイトでは、事業用の建物に係る主な資産例が図示されています。

（主な資産例）
・事務所ビルをお持ちの方

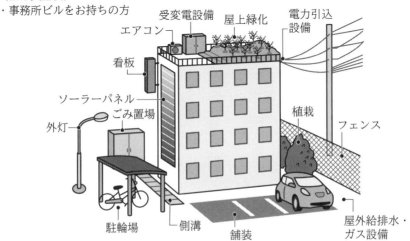

・賃貸住宅をお持ちの方

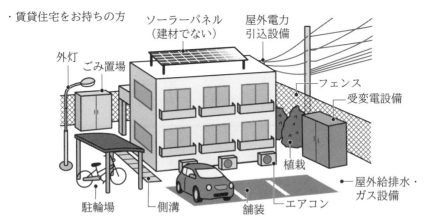

（東京都主税局Webサイトをもとに作成）

この図のように、事務所ビルであっても賃貸住宅であっても、償却資産の申告対象となる資産として受変電設備等の附属設備や外構工事（側溝、舗装路面、植栽、その他）等の構築物がある場合は、家屋評価の対象とされませんので、償却資産の申告対象となります。

　償却資産の申告対象となる主な設備等の分類とその具体的な内容は、図表 1-7 のとおりです。

<図表 1 － 7　償却資産の申告対象となる主な設備等＞

設備等の分類	設備等の内容	備考
受変電設備（キュービクル）	設備一式（配管、配線を含む）	高圧の電気を変換するための設備
予備電源設備（自家発電設備、蓄電池設備、無停電電源設備等）	設備一式（配管、配線を含む）	防災電源として停電に備えた設備
中央監視設備	設備一式	ビルや施設の設備の自動化、故障の監視・記録や室内温度、湿度、二酸化炭素等の監視装置
電力引込設備	引込開閉器盤、屋外の配線	
LAN 設備	設備一式（配管、配線を含む）	
屋外の電灯設備、給排水設備、ガス設備		屋内の設備は原則として家屋評価対象
特定の生産、業務用の動力配線設備、給排水設備、ガス設備、空調設備等		
ルームエアコン(壁掛け型)		
機械式駐車設備		ターンテーブル等を含む
工場用ベルトコンベア		
簡易間仕切り		原則として、床にビス・ボルト等で簡易に接続し、容易に取り外しが行えるもの、天井まで届いていないもの
広告塔、袖看板、ネオンサイン		壁体にサインがある場合 ・壁体…家屋評価対象 ・サイン工事…償却資産
外構工事	門、塀、緑化施設等	

なお、償却資産申告書においては、資産の種類の欄に「附属設備」という区分がありませんので、償却資産の申告対象の附属設備は「構築物（※）」に含めて申告する必要があります。

　※　名古屋市など建物附属設備を「機械及び装置」に含めて申告するものとしている市町村もあります。

Q1－13　共有家屋に対して、共有者の 1 人が内装等を取り付けた場合

　複数の者で共有している家屋に対して、その共有者の 1 人が自らの事業のために内装や建築設備を取り付けましたが、その場合は、家屋評価の対象でしょうか？　償却資産の申告対象でしょうか？

A　共有している家屋に、共有者の一方が内装や建築設備等を取り付けた場合は、家屋の所有者以外の者が取り付けた資産として取り扱われますので、その内装や建築設備を取り付けて事業の用に供している方が償却資産として申告する必要があります。

　地方税法第 343 条第 10 項では、「家屋の附帯設備であって、当該家屋の所有者以外の者がその事業の用に供するため取り付けたものであり、かつ、当該家屋に付合したことにより当該家屋の所有者が所有することとなったもの（以下この項において「特定附帯設備」という。）については、当該取り付けた者の事業の用に供することができる資産である場合に限り、当該取り付けた者をもって第 1 項の所有者とみなし、当該特定附帯設備のうち家屋に属する部分は家屋以外の資産とみなして固定資産税を課することができる」と定められており、共有者であっても、そのうち個人が単独で取り付けた場合は、当該家屋の所有者以外の者が取り付けたものと考えられるためです。

⑵　償却資産の申告から課税、納付の流れ

①　賦課期日と申告期限

　固定資産税の賦課期日（税を課税する基準日）は、1月1日です（地法359）。

　よって、土地、家屋、償却資産ともに1月1日現在の所有者に固定資産税が課税されます。

　また、償却資産は、土地や家屋と異なり登記制度がありませんので、市町村側は登記情報から償却資産を把握することができません。そのため、償却資産の所有者に対して、1月1日現在の償却資産の内容を1月31日までにその資産が所在する市町村長に申告する義務が課せられています（地法383）。

地方税法

第359条　固定資産税の賦課期日

　固定資産税の賦課期日は、当該年度の初日の属する年の1月1日とする。

第383条　固定資産の申告

　固定資産税の納税義務がある償却資産の所有者（第389条第1項の規定によって道府県知事若しくは総務大臣が評価すべき償却資産又は第742条第1項若しくは第3項の規定によって道府県知事が指定した償却資産の所有者を除く。）は、総務省令の定めるところによって、毎年1月1日現在における当該償却資産について、その所在、種類、数量、取得時期、取得価額、耐用年数、見積価額その他償却資産課税台帳の登録及び当該償却資産の価格の決定に必要な事項を1月31日までに当該償却資産の所在地の市町村長に申告しなければならない。

② 価格の計算及び決定

　申告された償却資産は、一品ごとの価格（適正な時価をいいます。以下同じ。（地法 341 五））が計算されます。その計算は事業者が自ら計算して申告する方式（電算処理方式）と市町村が申告された資産を一品ごとに計算する方式（一般方式）があります（下記(3)(4)参照）。

　市町村にて各資産の価格が評価され、決定された後に（地法 409 ③、410 ①）、償却資産課税台帳に登録されます（地法 341 九、411 ①）。

　償却資産課税台帳に登録された内容は公示され、市町村において閲覧することができます。もし、登録された価格に不服がある場合は審査の申出ができますが（地法 432）、償却資産は原則として事前に申告した内容で評価されますので、土地や家屋と異なり、課税台帳の閲覧や審査の申し出をする実務上の必要性が薄いといえます。

　なお、土地や家屋については、3 年に 1 度の基準年度ごとに全件の評価替えが行われ、価格が決定されます。直近では令和 3 年度が基準年度にあたり、令和 4 年度（第 2 年度）と令和 5 年度（第 3 年度）は、原則として令和 3 年度の価格が据え置かれます（地法 409 ①）。一方、償却資産は、取得価額を基礎として毎年の減価償却を考慮して評価しますので、基準年度に関係なく各年度に価格が決定されます。

③ 納税通知書による納付

　土地、家屋、償却資産ともに固定資産税の徴収は、納税通知書を納税者に交付する普通徴収とされています（地法 364）。

　よって、納税通知書に基づき納税者が自ら金融機関や郵便局等で納付する必要があります。

　固定資産税の納期は、4 月、7 月、12 月、翌年 2 月とされていますが、市町村の条例により異なる納期を定めることができます（地法 362）。

例えば、東京都（特別区）では、6月、9月、12月、翌年2月とされており、武蔵野市などの東京都内の一部の市では、5月、7月、12月、翌年2月とされています。

<図表1-8　固定資産税の納期>

納期	地方税法	武蔵野市など	東京都特別区
第1期	4月	5月	6月
第2期	7月	7月	9月
第3期	12月	12月	12月
第4期	翌2月	翌2月	翌2月

なお、納税通知書の受領後など市町村が価格を決定した後に修正の申告書を提出して追加税額が発生した場合には、その追加税額の納税通知書が送付されます。その場合の納期は、1回又は2回となる場合がありますので、送付された納税通知書を確認する必要があります。

Q1-14　申告期限を経過して申告をした場合

　申告期限を経過して申告した場合は、どのような影響があります
か？

A　申告期限を経過して申告したとしても、固定資産税（償却資産）
は賦課課税方式であるため、法人事業税や事業所税等のように不申告
加算金の発生はありません（第3章(1)①参照）。

　よって、申告期限を経過したのみでただちに納付すべき税額の総額
が変わるわけではありませんが、市町村の処理が遅れるため、納税通
知書にて指定される納期の数が通常の第1期～第4期の4回ではなく、
1回又は2回となる可能性があります。

　なお、正当な事由がなく申告をしなかった場合、地方税法第368
条により延滞金が徴収される可能性があるほか、地方税法第386条
と市町村の条例に基づき10万円以下の過料が適用される可能性があ
ります。

(3) 申告書の提出方法

① 申告書様式

　償却資産の申告書は、前年度に申告している事業者には、免税点未満
（下記(4)③参照）など一定の場合を除き、市町村から郵送されます。新た
に事業開始するなど、新規で償却資産を取得した事業者は、市町村の窓
口等で申告書の用紙を取得する必要があります。

　また、市町村によっては、法人市町村民税の設立届等の情報から新規
で開業した事業者に対して、申告書を郵送する場合があります（第3章
(2)①参照）。

　申告書が郵送された場合であっても、その事業者が償却資産を保有し
ていることを市町村が把握して郵送しているとも限らず、償却資産の制
度の普及啓発も含めて一律に郵送している場合があります。もし、償却
資産の申告対象に該当する資産がなければ、「該当資産なし」と備考欄
に記載して提出し、その後は、資産を取得した年の翌年1月に市町村か
ら申告書が届かなかったとしても自ら申告する必要があります。

　申告用紙は、地方税法施行規則で定められた第26号様式及び同別表
1、2が用いられます（次頁参照）。

<図表1-9　償却資産申告書様式>

様式名称	様式番号
償却資産申告書（償却資産課税台帳）	第26号様式
種類別明細書（増加資産・全資産用）	第26号様式別表1
種類別明細書（減少資産用）	第26号様式別表2

第二十六号様式（提出用）（用紙日本工業規格A4・章色）（第十四条関係）

年度

償却資産申告書（償却資産課税台帳）

| | 年　月　日 | 殿 |

受付印

所有者

（ふりがな）	
1 住　所（又は納税通知書送付先）	（電話　　　）
（ふりがな）	（印）
2 氏　名（法人にあってはその名称及び代表者の氏名）	
有　（屋号　　　） 称及び事業者の氏名	

3 個人番号又は法人番号	
4 事業種目（資本金等の額）	（　　　　百万円）
5 事業開始年月	年　　月
6 この申告に応答する者の係及び氏名	（電話　　　）
7 税理士等の氏名	（電話　　　）

8 短縮耐用年数の承認	有・無
9 増加償却の届出	有・無
10 非課税該当資産	有・無
11 課税標準の特例	有・無
12 特別償却又は圧縮記帳	有・無
13 税務会計上の償却方法	定率法・定額法
14 青色申告	有・無

15 市（区）町村内における事業所等資産の所在地	① ② ③
16 借用資産 貸主の名称等	（有・無）
17 事業所用家屋の所有区分	自己所有・借家
18 備考（添付書類等）	

※所有者コード

資産の種類	取得価額			評価額	決定価格	課税標準額
	前年前に取得したもの（イ）	前年中に減少したもの（ロ）	前年中に取得したもの（ハ）	計（イ）−（ロ）＋（ハ）（ニ）	評価額（ホ）	決定価格（ヘ）	課税標準額（ト）
1 構築物							
2 機械及び装置							
3 船舶							
4 航空機							
5 車両及び運搬具							
6 工具、器具及び備品							
7 合計							

39

種類別明細書（増加資産・全資産用）

令和　　　年度

所有者コード

所有者名

行番号	資産の種類	資産コード	資産の名称等（全角漢字、ひらがな、カタカナ・英数字で）	数量	取得年月（年号・年・月）	取得価額	耐用年数	減価残存率	価額	課税標準の特例（率・コード）	課税標準額	増加事由	摘要
01								0.				1・2 3・4	
02								0.				1・2 3・4	
03								0.				1・2 3・4	
04								0.				1・2 3・4	
05								0.				1・2 3・4	
06								0.				1・2 3・4	
07								0.				1・2 3・4	
08								0.				1・2 3・4	
09								0.				1・2 3・4	
10								0.				1・2 3・4	
11								0.				1・2 3・4	
12								0.				1・2 3・4	
13								0.				1・2 3・4	
14								0.				1・2 3・4	
15								0.				1・2 3・4	
16								0.				1・2 3・4	
17								0.				1・2 3・4	
18								0.				1・2 3・4	
19								0.				1・2 3・4	
20								0.				1・2 3・4	
小計													

枚のうち　　　枚目

注意　「増加事由」の欄は、１新品取得、２中古品取得、３移動、４その他のいずれかに〇印を付けて下さい。

40

種類別明細書（減少資産用）

令和　　　年度

所有者コード

所有者

行番号	資産の種類	抹消コード	資産の名称等 (全角漢字、ひらがな、カタカナ・英数字で)	数量	取得年月 年号・年・月	取得価額	耐用年数	申告年度	減少の事由及び区分 1売却 2減失 3移動 4その他 ／ 1全部 2一部	所有者名	摘要	枚のうち 枚目
01									1・2・3・4　1・2			
02									1・2・3・4　1・2			
03									1・2・3・4　1・2			
04									1・2・3・4　1・2			
05									1・2・3・4　1・2			
06									1・2・3・4　1・2			
07									1・2・3・4　1・2			
08									1・2・3・4　1・2			
09									1・2・3・4　1・2			
10									1・2・3・4　1・2			
11									1・2・3・4　1・2			
12									1・2・3・4　1・2			
13									1・2・3・4　1・2			
14									1・2・3・4　1・2			
15									1・2・3・4　1・2			
16									1・2・3・4　1・2			
17									1・2・3・4　1・2			
18									1・2・3・4　1・2			
19									1・2・3・4　1・2			
20									1・2・3・4　1・2			

小計

41

② 申告方式（一般方式と電算処理方式）

償却資産の申告方式は、一般方式と電算処理方式の2種類があります。

いずれの方式によっても書面での申告と、電子申告（地方税ポータルシステム（eLTAX）により、申告データを送信する方法）の双方が可能です。

ア 一般方式（増減申告）

前年中に増加・減少した資産を申告する方式をいい、資産一品ごとの評価額や課税標準額の計算は市町村にて行います。

申告内容や前年度申告からの資産の異動状況に応じた提出様式は、図表1−10のとおりです。

<図表 1－10　償却資産申告内容>

申告内容・前年度申告からの資産の異動	償却資産申告書	種類別明細書（増加資産・全資産用）	種類別明細書（減少資産用）
最初の申告	○	○	不要
前回申告から資産の増減なし	○	不要	不要
増加資産がある（減少資産なし）	○	○	不要
減少資産がある（増加資産なし）	○	不要	○
増加資産、減少資産がある	○	○	○
最初の申告で過年度から取得資産がある	○（最長5年分）	○（最長5年分）	不要
該当資産なし	○	不要	不要
廃業・転出等により全資産減少	○	不要	○

※種類別明細書（増加資産・全資産用）及び種類別明細書（減少資産用）の「○」又は「不要」は、筆者私見であり、市町村によって異なる取扱いがされる場合があります。

　前年度に申告している場合で、市町村から送付された種類別明細書（減少資産用）にあらかじめ前年度の申告内容が印字されている場合には、その内容を確認し、減少資産の漏れがないように注意するとともに、前年度の申告に漏れや誤りがないかも確認することが重要です。

　なお、東京都が作成している種類別明細書（減少資産用）には、資産コードの左隣に「異動区分」の欄があり、「減少」又は「修正」（一部の除却等）があった場合は○で囲んで申告することができます（次頁参照）。

43

(3) 種類別明細書（減少資産用）の記入方法

◎ 令和2年1月2日から令和3年1月1日までに異動（減少又は修正）した資産について記入してください。
◎ 印字されている内容は、令和2年11月18日時点のものです。
◎ この種類別明細書（減少資産用）は、内容に変更があったページのみ提出してください。

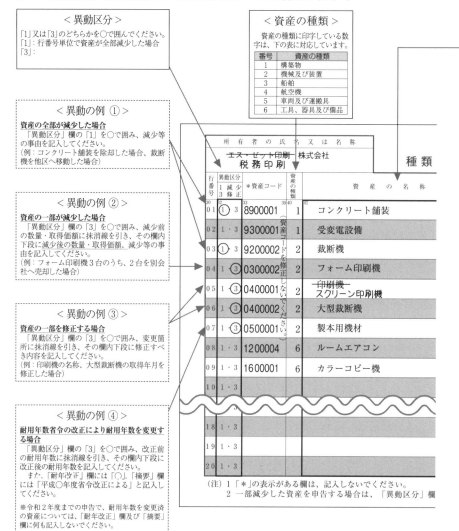

＜異動区分＞
「1」又は「3」のどちらかを○で囲んでください。
「1」：行番号単位で資産が全部減少した場合
「3」：

＜資産の種類＞
資産の種類に印字している数字は、下の表に対応しています。

番号	資産の種類
1	構築物
2	機械及び装置
3	船舶
4	航空機
5	車両及び運搬具
6	工具、器具及び備品

＜異動の例 ①＞
資産の全部が減少した場合
「異動区分」欄の「1」を○で囲み、減少等の事由を記入してください。
（例：コンクリート舗装を除却した場合、裁断機を他区へ移動した場合）

＜異動の例 ②＞
資産の一部が減少した場合
「異動区分」欄の「3」を○で囲み、減少前の数量・取得価額に抹消線を引き、その欄内下段に減少後の数量・取得価額、減少等の事由を記入してください。
（例：フォーム印刷機3台のうち、2台を別会社へ売却した場合）

＜異動の例 ③＞
資産の一部を修正する場合
「異動区分」欄の「3」を○で囲み、変更箇所に抹消線を引き、その欄内下段に修正すべき内容を記入してください。
（例：印刷機の名称、大型裁断機の取得年月を修正した場合）

＜異動の例 ④＞
耐用年数省令の改正により耐用年数を変更する場合
「異動区分」欄の「3」を○で囲み、改正前の耐用年数に抹消線を引き、その欄内下段に改正後の耐用年数を記入してください。
また、「耐年改正」には「○」、「摘要」欄には「平成○年度省令改正による」と記入してください。

※令和2年度までの申告で、耐用年数を変更済の資産については、「耐年改正」欄及び「摘要」欄に何も記入しないでください。

（令和3年度固定資産税（償却資産）申告の手引き（東京都主税局、都税事務所）
　P16、17より）

44

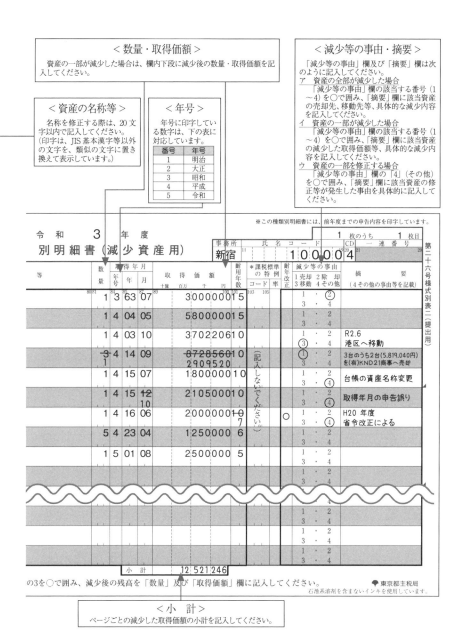

<数量・取得価額>
資産の一部が減少した場合は、欄内下段に減少後の数量・取得価額を記入してください。

<資産の名称等>
名称を修正する際は、20文字以内で記入してください。
(印字は、JIS基本漢字等以外の文字を、類似の文字に置き換えて表示しています。)

<年号>
年号に印字している数字は、下の表に対応しています。

番号	年号
1	明治
2	大正
3	昭和
4	平成
5	令和

<減少等の事由・摘要>
「減少等の事由」欄及び「摘要」欄は次のように記入してください。
ア 資産の全部が減少した場合
「減少等の事由」欄の該当する番号(1～4)を○で囲み、「摘要」欄に該当資産の売却先、移動先等、具体的な減少内容を記入してください。
イ 資産の一部が減少した場合
「減少等の事由」欄の該当する番号(1～4)を○で囲み、「摘要」欄に該当資産の減少した取得価額等、具体的な減少内容を記入してください。
ウ 資産の一部を修正する場合
「減少等の事由」欄の「4」(その他)を○で囲み、「摘要」欄に該当資産の修正等が発生した事由を具体的に記入してください。

の3を○で囲み、減少後の残高を「数量」及び「取得価額」欄に記入してください。

<小 計>
ページごとの減少した取得価額の小計を記入してください。

45

イ　電算処理方式（全資産申告）

　　賦課期日である 1 月 1 日現在に所有している全資産について、事業者が評価額や課税標準額を計算した上で申告する方式です。

　　主に申告書作成ソフト（税務申告ソフト）にて計算して申告書を作成する場合に用いられます。

　　提出すべき様式は、原則として償却資産申告書と種類別明細書（全資産用）ですが、電算処理方式で申告をしたとしても、計算方法に疑義がある場合や、資産件数が少ない場合等は、市町村の判断で一品ごとの資産の評価額や課税標準額の計算を行うことがあります。そのため、一品ごとの資産の異動状況を追えるよう種類別明細書（増加資産用）、種類別明細書（減少資産用）の提出も求められることがあります。

<図表 1 − 11　電算処理方式による申告内容>

申告内容	償却資産申告書	種類別明細書（増加資産・全資産用）	種類別明細書（減少資産用）
電算処理方式による全資産申告	○	○	不要（※）

　※　減少資産がある場合、市町村から提出を求められることがあります。

　　電算処理方式の申告書の記入例は、巻末「償却資産申告書、固定資産台帳、決算書、法人税申告書別表の記載例」を参照してください。

Q1－15　共有資産の申告

　個人で所有する賃貸用建物について配偶者と共有していますが、その建物に付随する償却資産についてはどのように申告すれば良いでしょうか？

A　地方税法上、共有物に対する地方団体（市町村）の徴収金は、納税者が連帯して納付する義務（連帯納税義務）を負うとされているため（地法10の2①）、共有している不動産に付随する償却資産を申告する場合は、その代表者他1名という共有名義で申告する必要があります。

　所得税の確定申告においては、共有持分ごとにそれぞれ個別に確定申告する必要がありますが、償却資産の申告においては、持分ごとの個別の申告は認められていませんので、注意が必要です。

地方税法

第10条の2

　共有物、共同使用物、共同事業、共同事業により生じた物件又は共同行為に対する地方団体の徴収金は、納税者が連帯して納付する義務を負う。

2　共有物、共同使用物、共同事業又は共同行為に係る地方団体の徴収金は、特別徴収義務者である共有者、共同使用者、共同事業者又は共同行為者が連帯して納入する義務を負う。

3　事業の法律上の経営者が単なる名義人であって、当該経営者の親族その他当該経営者と特殊の関係のある個人で政令で定めるもの

（以下本項において「親族等」という。）が事実上当該事業を経営して
いると認められる場合においては、前項の規定の適用については、
当該経営者と当該親族等とは、共同事業者とみなす。

Q1－16　修正の申告書の提出

　償却資産の修正の申告書を提出する場合は、どのようにすれば良い
でしょうか？

A　書面で提出する場合は、償却資産申告書（第 26 号様式）の上部余
白に「修正」と明記して提出します。過去複数年度にわたって、修正
の申告書を提出する場合は、それぞれの年度分を作成して提出する必
要があります。

　また、種類別明細書の摘要欄に「修正分」や「申告漏れ分」などと
明記して修正の申告書の内容が分かるように記入する必要があると考
えられますが、具体的な記載方法は市町村に確認してください。

　なお、eLTAX にて電子申告する場合は、「修正全資産申告（電算処
理分）」又は「修正増加資産／減少資産申告」を選択して、提出する必
要があります。

⑷　税額の計算方法と免税点

①　償却資産の評価

　償却資産は、市町村にてその価格（適正な時価）が評価、決定され、償却資産課税台帳に登録されますが、その価格は固定資産評価基準に従って評価、決定されます（地法388①、403①）。

　固定資産評価基準では、申告された資産の取得年月、取得価額、耐用年数（評価の3要素）に基づき図表1−12のとおり計算することとされています（固定資産評価基準第3章第1節一〜三）。

＜図表1−12　評価額の算出方法＞

前年中に取得した資産 （一律、半年償却）	取得価額	×	前年中取得分の減価残存率 （1−減価率／2）
前年前に取得した資産	前年度評価額	×	減価残存率（1−減価率）

　つまり、令和3年度の償却資産の評価をする場合で、令和2年中（前年中）に取得した資産は、1月の取得であっても12月の取得であっても半年分の減価償却をすることとなります。

　また、同じく令和3年度の償却資産の評価をする場合で、令和元年以前（前年前）に取得した資産は、令和2年度の評価額に対して減価償却の計算をして評価されます。

　この場合の減価率及び減価残存率とは、図表1−13の割合であり（固定資産評価基準別表第15）、法人税の旧定率法（平成19年3月31日以前に取得した場合）の割合と同一です。

　法人税の旧定率法が適用されるのは、平成19年度税制改正にて法人税の償却率が見直された際に、地方税においては、資産課税の性格から従前の評価方法が維持されたためです。

49

<図表 1−13　減価率、減価残存率>

耐用年数	減価率	減価残存率		耐用年数	減価率	減価残存率	
		前年中取得	前年前取得			前年中取得	前年前取得
2 年	0.684	0.658	0.316	27 年	0.082	0.959	0.918
3 年	0.536	0.732	0.464	28 年	0.079	0.960	0.921
4 年	0.438	0.781	0.562	29 年	0.076	0.962	0.924
5 年	0.369	0.815	0.631	30 年	0.074	0.963	0.926
6 年	0.319	0.840	0.681	31 年	0.072	0.964	0.928
7 年	0.280	0.860	0.720	32 年	0.069	0.965	0.931
8 年	0.250	0.875	0.750	33 年	0.067	0.966	0.933
9 年	0.226	0.887	0.774	34 年	0.066	0.967	0.934
10 年	0.206	0.897	0.794	35 年	0.064	0.968	0.936
11 年	0.189	0.905	0.811	36 年	0.062	0.969	0.938
12 年	0.175	0.912	0.825	37 年	0.060	0.970	0.940
13 年	0.162	0.919	0.838	38 年	0.059	0.970	0.941
14 年	0.152	0.924	0.848	39 年	0.057	0.971	0.943
15 年	0.142	0.929	0.858	40 年	0.056	0.972	0.944
16 年	0.134	0.933	0.866	41 年	0.055	0.972	0.945
17 年	0.127	0.936	0.873	42 年	0.053	0.973	0.947
18 年	0.120	0.940	0.880	43 年	0.052	0.974	0.948
19 年	0.114	0.943	0.886	44 年	0.051	0.974	0.949
20 年	0.109	0.945	0.891	45 年	0.050	0.975	0.950
21 年	0.104	0.948	0.896	46 年	0.049	0.975	0.951
22 年	0.099	0.950	0.901	47 年	0.048	0.976	0.952
23 年	0.095	0.952	0.905	48 年	0.047	0.976	0.953
24 年	0.092	0.954	0.908	49 年	0.046	0.977	0.954
25 年	0.088	0.956	0.912	50 年	0.045	0.977	0.955
26 年	0.085	0.957	0.915				

（以下、略）

Q1−17　償却資産の賦課期日

　償却資産の賦課期日は1月1日ですが、例えば、令和4年1月1日に事業の用に供した資産は、令和4年度分から課税されるのでしょうか？

A　令和4年1月1日に事業の用に供した資産は、令和4年度分から課税されます（上記(1)③イ(ア)参照）。その場合であっても半年償却として評価されます。

　なお、その場合、償却資産申告書には、取得年月を令和3年12月と記載して申告する必要があるものと考えられます。令和4年1月と記載すると、令和4年度分の申告対象外となる1月2日以降に取得した資産との判別がつかないためです。

地方税法

第388条　固定資産税に係る総務大臣の任務

　総務大臣は、固定資産の評価の基準並びに評価の実施の方法及び手続（以下「固定資産評価基準」という。）を定め、これを告示しなければならない。この場合において、固定資産評価基準には、その細目に関する事項について道府県知事が定めなければならない旨を定めることができる。

（以下、略）

固定資産評価基準　第3章　償却資産　第1節　償却資産

一　償却資産の評価の基本

　償却資産の評価は、前年中に取得された償却資産にあっては当該

償却資産の取得価額を、前年前に取得された償却資産にあっては当該償却資産の前年度の評価額を基準とし、当該償却資産の耐用年数に応ずる減価を考慮してその価額を求める方法によるものとする。

二　前年中に取得された償却資産の評価

前年中に取得された償却資産の評価は、当該償却資産の取得価額から当該償却資産の取得価額にr／2を乗じて得た額を控除してその価額を求める方法によるものとする。

この場合においてrは、当該償却資産の「耐用年数に応ずる減価率表」（別表第15）に掲げる耐用年数に応ずる減価率とする。

三　前年前に取得された償却資産の評価

前年前に取得された償却資産（四の償却資産を除く。）の評価は、当該償却資産の前年度の評価額から当該償却資産の評価額に当該償却資産の「耐用年数に応ずる減価率表」に掲げる耐用年数に応ずる減価率を乗じて得た額を控除してその価額を求める方法によるものとする。

（以下、略）

② **税率**

償却資産は、償却資産課税台帳に登録された価格が課税標準額となり、原則として税率1.4％を乗じて課税されます（地法349の2、350①）。

なお、この1.4％は標準税率であり、その市町村の財政上の必要に応じて条例にて超過税率が定められている場合があります。

＜図表 1－14　税額の計算方法＞

$$\boxed{\begin{array}{c}\text{課税標準額（※1）}\\\text{（1,000円未満切捨て）}\end{array}} \times \boxed{\text{標準税率（1.4\%）}} = \boxed{\begin{array}{c}\text{税額（※2）}\\\text{（100円未満切捨て）}\end{array}}$$

※1　地方税の課税標準額を計算する場合において、その額に 1,000 円未満の端数があるとき、又はその全額が 1,000 円未満であるときは、その端数金額又はその全額を切り捨てるとされています（地法 20 の 4 の 2 ①）。

※2　地方税の確定金額に 100 円未満の端数があるとき、又はその全額が 100 円未満であるときは、その端数金額又はその全額を切り捨てるとされています（地法 20 の 4 の 2 ③）。

地方税法

第 349 条の 2　償却資産に対して課する固定資産税の課税標準

　償却資産に対して課する固定資産税の課税標準は、賦課期日における当該償却資産の価格で償却資産課税台帳に登録されたものとする。

第 350 条　固定資産税の税率

　固定資産税の標準税率は、100 分の 1.4 とする。

2　市町村は、当該市町村の固定資産税の一の納税義務者であってその所有する固定資産に対して課すべき当該市町村の固定資産税の課税標準の総額が当該市町村の区域内に所在する固定資産に対して課すべき当該市町村の固定資産税の課税標準の総額の 3 分の 2 を超えるものがある場合において、固定資産税の税率を定め、又はこれを変更して 100 分の 1.7 を超える税率で固定資産税を課する旨の条例を制定しようとするときは、当該市町村の議会において、当該納税義務者の意見を聴くものとする。

③　**免税点**

　固定資産税には、一定金額に満たない場合に課税しない基準額として、図表 1 − 15 のとおり免税点が定められています（地法 351）。

＜図表 1 − 15　固定資産税の免税点＞

土地	30 万円
家屋	20 万円
償却資産	150 万円

※市町村単位で判定
（東京都特別区、政令市行政区においては区ごとに判定）

　よって、その市町村における償却資産の課税標準額が 150 万円未満の場合は、免税点未満として課税されません。

　仮にその市町村の償却資産の課税標準額が 150 万円である場合に、標準税率 1.4%を乗じた税額（償却資産の税額の下限）は 21,000 円となります。

＜図表 1 − 16　償却資産の税額の下限（標準税率）＞

1,500,000 円 × 1.4% ＝ 21,000 円

　また、免税点は市町村ごとに計算されるため、複数の市町村にて事業を行っている場合には、市町村ごとに免税点未満の判定が必要です。東京都特別区及び政令指定都市の行政区においては、その区を一の市の区域とみなしますので、区ごとに免税点未満の判定が必要です（地法 737）。

　なお、財政上その他特別の必要がある場合においては、土地、家屋、償却資産ともに免税点未満であっても、その市町村の条例によって固定

資産税を課することができる旨が定められています（地法 351 ただし書き）。

地方税法

第 351 条　固定資産税の免税点

　市町村は、同一の者について当該市町村の区域内におけるその者の所有に係る土地、家屋又は償却資産に対して課する固定資産税の課税標準となるべき額が土地にあっては 30 万円、家屋にあっては 20 万円、償却資産にあっては 150 万円に満たない場合においては、固定資産税を課することができない。ただし、財政上その他特別の必要がある場合においては、当該市町村の条例の定めるところによって、その額がそれぞれ 30 万円、20 万円又は 150 万円に満たないときであっても、固定資産税を課することができる。

第 737 条　特別区並びに指定都市の区及び総合区に関する特例

　道府県民税、市町村民税及び固定資産税に関する規定の都及び地方自治法第 252 条の 19 第 1 項の市（以下この条及び次条において「指定都市」という。）に対する準用及び適用については、特別区並びに指定都市の区及び総合区の区域は、一の市の区域とみなし、なお、特別の必要がある場合には、政令で特別の定めを設けることができる。

（以下、略）

Q1-18　共有資産の免税点

　共有している家屋に付随する償却資産の他に個人で事業用資産を所有していますが、免税点150万円未満かどうかの判定は合算して行うのでしょうか？

A　共有資産については、それぞれの共有者が他に償却資産を有している場合であっても、共有資産をそれぞれの共有者とは別の人格が所有しているものとみなして、合算せずに免税点未満かどうかを判定します。

第2章
償却資産の事務処理のヒント

(1) 早期処理の重要性

　償却資産の申告は毎年1月ですが、12月決算以外の法人は、決算期と賦課期日（1月1日）が異なりますので、日々の固定資産の取得及び除却等の管理が重要です。個人事業者においても所得税の確定申告期限である3月15日より前に償却資産の申告期限である1月末日が到来しますので、早期に固定資産の把握を進めておく必要があります。

　特に複数の市町村において事業を行う事業者は、償却資産の市町村別の所在地の把握が必要になりますので、支店・営業所・工場等の現場の管理部署と申告書を作成する部署との連携も重要です。

　また、中小企業者等の少額減価償却資産の取得価額の損金算入の特例（以下「少額減価償却資産特例」といいます。）を適用する中小企業者等は、取得価額20万円未満の資産について、少額減価償却資産特例を適用するのか、一括償却資産の3年一括償却を適用するのか、税務処理の判断によって、同じ資産であっても償却資産の申告対象か否かが変わりますので、あらかじめ方針を決めておくことが望ましいといえます（下記(4)参照）。

　小規模の事業者の会計実務においては、決算処理にてまとめて会計帳簿を記帳するケースも見受けられます。その市町村における償却資産の取得価額の段階（償却計算前）で既に免税点である150万円に満たない等、償却資産の課税が発生しないと明らかに見込まれる場合は、課税の問題が生じないものの、決算処理にて既に申告済の償却資産申告書に申告漏れや過

大申告が生じていることが発覚するケースもあります。

　そのため、償却資産の申告を念頭に置いて、決算時のみではなく、日々の事務処理として図表2－1のポイントに留意する必要があります。

＜図表2－1　償却資産の事務処理（随時）のポイント＞

項目	現場部署	固定資産管理部署（※1）	備考
申告済の資産の減少（除却、移動等）の有無	□	□	固定資産を使用、管理する現場部署から固定資産管理部署へ速やかに連携し、固定資産台帳に登録する。
取得価額10万円（※2）以上の新規取得資産の有無	□	□	
新規取得資産の耐用年数の確認		□	新規取得資産の耐用年数を取得時に固定資産台帳に登録する。
新規取得した建物について、家屋との区分のチェック		□	必要に応じて市町村に事前照会する（下記(5)参照）。

※1　償却資産申告書を作成する部署を固定資産管理部署とします。
※2　取得価額20万円未満の資産について、中小企業者等の少額減価償却資産特例を適用せずに3年一括償却を適用する場合は、取得価額10万円以上ではなく20万円以上をチェック対象とすることができます。

(2)　固定資産台帳の整備

　償却資産の申告のためには、固定資産台帳（減価償却明細書）の整備が重要となります。

　固定資産台帳には、資産ごとに管理番号（資産コード）を設定することが一般的ですが、特に備品等の個々の資産について、固定資産台帳上の管

理番号と同じ番号のラベルを付けて、固定資産台帳と照合できるようにしておくと良好な管理状態といえます。

また、固定資産台帳にも保管場所、管理部署を登録し、定期的に固定資産の現物管理（現物実査、いわゆる棚卸）を行うとともに、その資産の除却、移動があった場合には、稟議書等を固定資産管理部署（償却資産申告担当部署）に回付されるように下記(3)のような事務フローを整えておくことも重要です。

固定資産台帳の記入例は、巻末「償却資産申告書、固定資産台帳、決算書、法人税申告書別表の記載例」を参照してください。

(3) 事務フローの整備

固定資産管理に係る事務フローの例として、経済産業省の「経理・財務サービス　スキルスタンダード研究開発事業」業務プロセスマップ【4】固定資産管理によると、「資産取得」「減価償却費管理」「現物管理」「資産評価（減損）」「メンテナンス対応」「資産除却」「リース管理」「固定資産税申告・納付」の8項目が挙げられます。

これらの事務フローのうち「固定資産税申告・納付」が償却資産の申告にあたります。

「資産取得」「減価償却費管理」「現物管理」「資産除却」等の各項目の事務処理を担当者ごとバラバラに進めるのではなく、各事務フローから現物管理（固定資産台帳管理）への連携を的確に行うことで、償却資産の申告に適正に反映させる必要があります。

<図表2-2　業務プロセスマップ（固定資産管理）>

【4】固定資産管理＿会社機能

（経済産業省　スキルスタンダード本編より）

<図表2−3 業務プロセスマップ（資産取得）>

【4】固定資産管理＿経理・財務機能＿業務プロセス

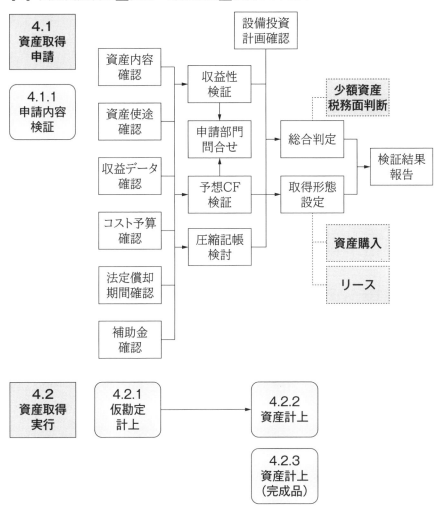

第2章 償却資産の事務処理のヒント

61

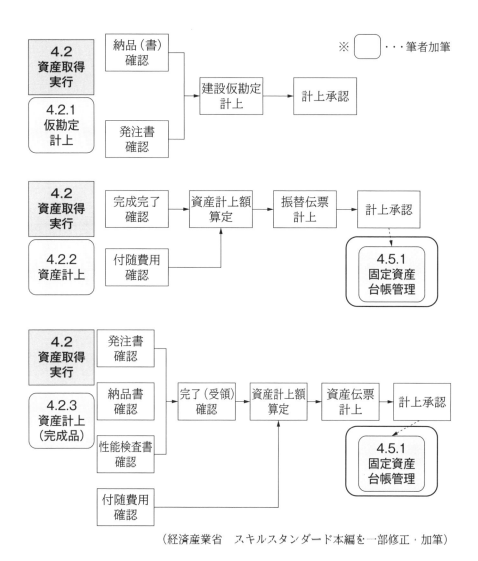

（経済産業省　スキルスタンダード本編を一部修正・加筆）

<図表２−４　業務プロセスマップ（減価償却）>

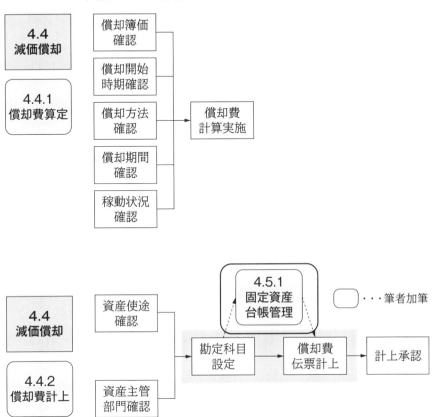

（経済産業省　スキルスタンダード本編を一部修正・加筆）

＜図表2−5　業務プロセスマップ（現物管理）＞

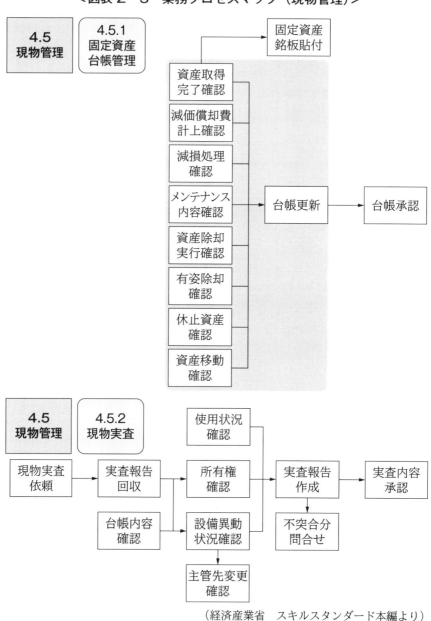

（経済産業省　スキルスタンダード本編より）

＜図表2-6　業務プロセスマップ（資産除却）＞

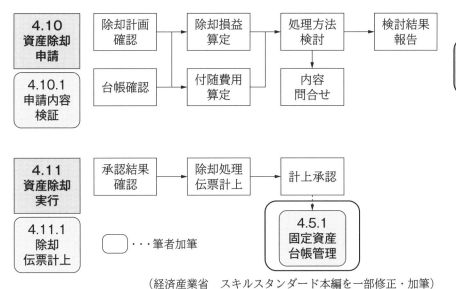

（経済産業省　スキルスタンダード本編を一部修正・加筆）

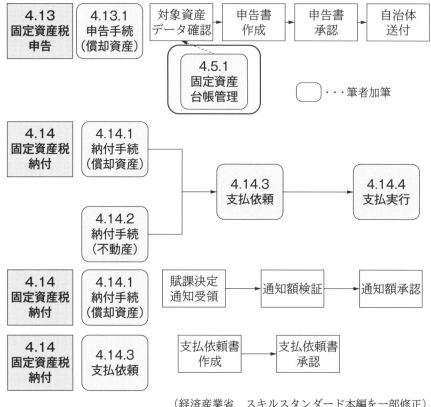

<図表2-7 業務プロセスマップ（固定資産税申告・納付）>

（経済産業省　スキルスタンダード本編を一部修正）

(4)　中小企業者等の少額減価償却資産特例の処理

①　少額減価償却資産特例の概要

　青色申告書を提出する中小企業者等（原則として資本金が1億円以下で従業員数が500人以下の法人又は従業員数が500人以下の個人事業者をいいます。ただし、令和2年3月31日以前に取得した少額減価償却資産については従業員数が1,000人以下の中小企業者等とされます。）が取得価額

10万円以上30万円未満の少額減価償却資産の取得等をして事業の用に供した場合には、損金経理（費用処理すること）を要件に、年300万円に達するまで、その取得価額相当額を損金算入することが認められています（措法28の2①、67の5①、措令18の5①、39の28①）。

法人がこの特例を適用する場合は、少額減価償却資産の取得価額の損金算入の特例に関する明細書（法人税申告書別表16(7)）を作成して法人税申告書に添付する必要があります（措法67の5③）。

個人事業者がこの特例を適用する場合は、確定申告書に少額減価償却資産の取得価額に関する明細書を添付するか（措法28の2③）、青色申告決算書の「減価償却費の計算」欄に次の事項を記載して確定申告書に添付し、かつ、その少額減価償却資産の取得価額の明細を別途保管する必要があります（措通28の2-3）。

ア　少額減価償却資産の取得価額の合計額

イ　少額減価償却資産について租税特別措置法第28条の2を適用する旨

ウ　少額減価償却資産の取得価額の明細を別途保管している旨

この特例の適用により、会計処理上「固定資産」として計上されない場合であっても、この特例が地方税法第341条第4号の償却資産の申告対象外とされる取得価額が少額である資産（図表2−8参照）に定められていないため、少額減価償却資産は償却資産の申告対象となります（地法341四、地令49）。

なお、少額減価償却資産は、使用可能期間1年未満又は取得価額10万円未満の資産である「少額の減価償却資産」（法令133、所法138）とは、「の」が入るだけで別の意味になりますので、混同しないように注意が必要です。

②　３年一括償却

　上記①の特例を適用した場合は、償却資産の申告対象となる一方で、図表２−８の取得価額が少額である資産は、償却資産の申告対象外となります。

<図表２−８　償却資産申告対象外となる取得価額が少額である資産>

取得価額が少額である資産	使用可能期間が１年未満であるもの又は取得価額10万円未満の資産でその事業年度において損金経理（費用計上）をしたもの（法令133、所令138）
	取得価額20万円未満の資産のうち３年間で一括償却したもの（法令133の2①、所令139①）
	法人税法又は所得税法で売買があったものとされるリース資産で取得価額が20万円未満のもの（法法64の2①、所法67の2①）

　この「取得価額20万円未満の資産のうち３年間で一括償却したもの」とは、法人の場合は、取得価額20万円未満の資産の全部又は特定の一部を一括したもの（以下「一括償却資産」といいます。）の取得価額の合計額を36で除して、これにその事業年度の月数を乗じて計算する方法にて損金算入額を計算する方法を選択した資産をいい、個人事業者の場合は、一括償却資産の取得価額の合計額を３で除して必要経費を計算する方法を選択した資産をいいます。つまり、その取得価額を３年で均等に償却する方法（以下「３年一括償却」といいます。）を選択した一括償却資産をいいます。

　３年一括償却を適用する際には、法人の場合、一括償却資産の損金算入に関する明細書（法人税申告書別表16⑻）を作成して法人税申告書に添付し、かつ、その計算に関する書類を別途保管する必要があります

（法令 133 の 2 ⑫⑬）。個人事業者の場合は、青色申告決算書又は収支内訳書の「減価償却費の計算」欄に一括償却資産の取得価額の合計額等を記載して確定申告書に添付し、かつ、その計算に関する書類を別途保管する必要があります（所令 139 ②③）。

③ 取得価額 30 万円未満の資産の取扱い

償却資産の申告対象外となる取得価額が少額である資産は上記②図表 2 − 8 のとおりですが、取得価額 10 万円未満の資産であっても、法人が決算対策等の理由からその取得価額を一時の費用として処理せず個別に耐用年数を付して減価償却（固定資産として計上）している場合や、取得価額 20 万円未満の資産であっても、3 年一括償却をせずに上記①の少額減価償却資産特例を適用した場合、個別に耐用年数を付して減価償却している場合は、ともに償却資産の申告対象となります。

取得価額 30 万円未満である資産の取扱いをまとめると図表 2 − 9 のとおりです。

＜図表 2 − 9　取得価額 30 万円未満の資産の取扱い＞

取得価額	10 万円未満	10 万円以上 20 万円未満	20 万円以上 30 万円未満	30 万円以上
少額の減価償却資産として一時費用処理	申告対象外			
3 年一括償却	申告対象外（※）	申告対象外		
少額減価償却資産特例		申告対象	申告対象	
個別に減価償却	申告対象（※）	申告対象	申告対象	申告対象

※　個人事業者の場合、取得価額 10 万円未満の資産はすべて必要経費となるため、3 年一括償却や個別に減価償却することはできません。

④ 償却資産申告を踏まえた特例適用方針の決定

　取得価額 20 万円以上の資産について、上記①の少額減価償却資産特例を適用しなかった場合は、個別に耐用年数を付して減価償却する必要がありますので、いずれにしても償却資産の申告対象となります。

　一方、取得価額 10 万円以上 20 万円未満の資産については、少額減価償却資産特例を適用するか、3 年一括償却を適用するかによって、償却資産の申告対象か否かが変わりますので、注意が必要です。

　小規模の事業者の会計実務においては、決算や確定申告の納税額の見通しが立ってから、少額減価償却資産特例の適用の有無を決定することがありますが、個人事業者と法人の 12 月決算を除き、決算期と償却資産の賦課期日（1 月 1 日）が異なり、償却資産の申告期限までに決算処理が確定していないことが一般的なため、図表 2－10 のメリットとデメリットを検討の上、あらかじめ取得価額 10 万円以上 20 万円未満について、少額減価償却資産特例の適用方針を決めておくことが望ましいといえます。

<図表 2－10　少額減価償却資産特例と 3 年一括償却の比較>

	メリット	デメリット	備考
少額減価償却資産特例	早期に損金又は必要経費として処理することで、法人税または所得税の取得年度の税額を減少することができる。	償却資産の課税対象となる。	取得年度で全額を損金又は必要経費として処理するため、2 年目、3 年目に処理することができない。
3 年一括償却	償却資産の課税対象外となる。	損金又は必要経費として処理できる金額が原則として取得価額の 1/3 となる。	取得 2 年目、3 年目でも 1/3 ずつ損金又は必要経費として処理することができる。

70

なお、1月の申告時点では、3年一括償却を予定していたことで申告をしなかった場合で、決算処理にて少額減価償却資産特例の適用を選択したときには、その少額減価償却資産が申告漏れとなりますので、償却資産の修正の申告書を提出する必要があります。

⑤　固定資産台帳や備品台帳等への記載

少額減価償却資産は、その事業年度に取得価額の全額が損金又は必要経費として処理されるため、その後の減価償却がなく、固定資産台帳に記載されないことが多いと考えられますが、償却資産の申告管理の観点から、固定資産台帳や備品台帳に少額減価償却資産として記載するか、少額減価償却資産の管理台帳を作成して管理することが望ましいといえます。

取得価額が30万円未満の比較的少額な資産とはいえ、物品管理の必要がありますし、償却資産申告においても、除却漏れがないように適切に把握する必要があるほか、市町村の調査において、減少資産として申告した場合の減少年月日の根拠を説明できる資料として準備しておくことが重要です。

Q2-1 少額減価償却資産特例の適用を予定して申告したが、決算にて3年一括償却に変更した場合

償却資産の申告期限である1月の段階では、今期の黒字が見込まれていたため、取得価額20万円未満の資産について少額減価償却資産特例の適用対象として、償却資産の申告をしましたが、想定したほどの利益が出なかったため、決算処理にて3年一括償却に変更しました。提出済の償却資産申告書はどのようにしたらよいでしょうか?

A　市町村の償却資産担当に連絡のうえ、減額の修正の申告書を提出する必要があります。既に納税通知書が届いている場合は、納期内に納付した上で減額の賦課決定により還付を受けることとなります。

なお、3年一括償却をしたことの確認資料として、法人税別表16 (8) や総勘定元帳の該当部分の写しを提出するとともに、法人税申告書一式を提示して、法人税別表16 (7) がないこと又はその資産について特例の適用がないことを説明する必要があるものと考えられます。

Q2-2　パソコンと一括して販売されるアプリケーションソフトの取得価額

　中小企業者である当社は、新品のパソコンを 201,000 円（税抜経理）で購入しました。そのパソコンにはメールソフトや文章作成ソフト、表計算ソフトなどのアプリケーションソフトが組み込まれています。これらのアプリケーションソフトの市販価格を区分すれば、そのパソコン本体の取得価額が 20 万円以下になりますので、3 年一括償却を適用して、償却資産の申告対象外とすることは可能でしょうか？

A　市販されているパソコンには、一般的に使用されるアプリケーションソフトと一括して販売される場合がありますが、領収書にてアプリケーションソフトの金額が区分されていない場合には、アプリケーションソフトが無償で提供されたものと考えられますので、その領収書に記載された総額がパソコン本体の取得価額となります。

　よって、取得価額 201,000 円のパソコンは、20 万円未満ではありませんので、3 年一括償却は認められません。税務会計上、耐用年数 4 年にて減価償却するか、少額減価償却資産特例を適用するかは貴社の判断ですが、いずれにしても償却資産の申告対象となります。

　また、領収書等にてパソコン本体の価格とアプリケーションソフトの価格が区分されている場合、そのアプリケーションソフトは、無形固定資産に該当しますので、償却資産の申告対象外となります。

　なお、パソコンには OS といわれる基本ソフトが組み込まれていますが、OS はパソコンを使用するために必要不可欠なものなので、無形固定資産には該当せずに、工具、器具及び備品であるパソコンと一体として扱われます。

(5) 家屋に係る附属設備の対応

① 家屋と償却資産の区分

ア 家屋の概要

固定資産税における家屋とは、住家、店舗、工場、倉庫その他の建物をいいます (地法 341 三)。これは、不動産登記法の建物と意義を同じくするものであり、登記簿に登記されるべき建物をいいます (総務省取扱通知第 3 章第 1 節第 1 二)。

不動産登記規則第 111 条では、「建物は、屋根及び周壁又はこれらに類するものを有し、土地に定着した建造物であって、その目的とする用途に供し得る状態にあるものでなければならない」と定められているため、建物の判定基準として図表 2-11 の 3 要件を満たすものと解釈されています。

<図表 2-11　建物の 3 要件>

要件	内容
外気分断性	屋根及び周壁等の外気を分断するものを有することが必要とされます。必ずしも物理的に外気が分断されていなくとも、その使用目的や利用状況等から概ね外部から区画されており、ある程度の風雨から人や物品を保護するものであれば、外気分断性を満たすものとされています。
土地への定着性	物理的に土地に定着していることが必要とされます。
用途性	居住、作業、貯蔵等の一定の用途に見合った空間が確保されていることが必要とされます。

また、事業用の建物の全部又は一部が付随する構築物と明確に区分されておらず、その所有者の資産区分においても構築物として経理さ

れているものについては、償却資産として取り扱うものとされています（総務省取扱通知第3章第1節第1三）。

総務省取扱通知（市町村税関係）
第3章　固定資産税　第1節　通則　第1　課税客体

> 3　事業用家屋であってその家屋の全部又は一部がそれに附接する構築物とその区分が明瞭でなく、その所有者の資産区分においても構築物として経理されているものについては、その区分の不明確な部分を償却資産として取り扱うことが適当であること。

イ　償却資産の申告対象となる設備

　家屋に付随する電気設備、ガス設備、給水設備、排水設備、衛生設備、冷暖房設備、空調設備、防災設備、運搬設備、清掃設備等の建築設備について、その家屋の所有者が所有するものであって、家屋に取り付けられ構造上一体となって家屋の効用を高めるものは、家屋に含めて評価するものとされていますが（固定資産評価基準第2章第1節七）、図表2－12の性格のものは償却資産として取り扱われます。

<図表2−12　償却資産となる建築設備等の性格と具体例>

性格	具体例
特定の生産又は業務の用に供されるもの	特定の生産・業務用の給排水設備、ガス設備、空調設備等、工場用ベルトコンベア
独立した機械装置としての性格が強いもの	受変電設備（キュービクル）、予備電源設備、中央監視設備、ルームエアコン（壁掛け型）機械式駐車設備
構造的に家屋と一体となっていないもの	屋外の給排水設備、ガス設備、外構工事（門、塀、緑化設備等工事一式）
顧客に対するサービス設備としての性格が強いもの	ホテル等の厨房設備、洗濯設備

　また、建築設備のほか、門、塀、緑化設備等の外構工事についても家屋評価の対象とはならないため、償却資産として申告が必要です。

　これらの設備については、企業会計及び税務会計上「附属設備（又は建物附属設備）」として減価償却している場合や、「建物」本体に含めて一体として減価償却している場合がありますが、償却資産の申告においては、「構築物（※)」に含めて申告する必要があります。

※　名古屋市など建物附属設備を「機械及び装置」に含めて申告するものとしている市町村もあります。

　なお、既存の家屋に対して、建築設備等の追加工事を行った場合に、実務的に家屋の再評価が行われないことがありますが、その場合であっても、家屋と償却資産の区分は固定資産評価基準に従って判断すべきものであり、家屋の再評価が行われていないことを理由に償却資産として申告することは認められません。

総務省取扱通知（市町村税関係）

第3章 固定資産税 第1節 通則 第1 課税客体

2 家屋とは不動産登記法の建物とその意義を同じくするものであり、したがって登記簿に登記されるべき建物をいうものであること。例えば鶏舎、豚舎等の畜舎、堆肥舎等は一般に社会通念上家屋とは認められないと考えるので、特にその構造その他からみて一般家屋との権衡上課税客体とせざるを得ないものを除いては、課税客体とはしないものとすること。

固定資産評価基準 第2章 家屋 第1節 通則

七 建築設備の評価

家屋の所有者が所有する電気設備、ガス設備、給水設備、排水設備、衛生設備、冷暖房設備、空調設備、防災設備、運搬設備、清掃設備等の建築設備で、家屋に取り付けられ、家屋と構造上一体となって、家屋の効用を高めるものについては、家屋に含めて評価するものとする。

ウ 具体例

東京都主税局のWebサイトに掲載されている家屋と償却資産の区分表を具体例として記載します。

なお、この区分表は平成31年4月1日現在の東京都の取扱いであり、市町村によっては異なる取扱いがされている場合があります。

償却資産と家屋の区分表（東京都（23区）の取扱い）

（平成31年4月1日時点）

※家屋と設備等の所有者が同じ場合の、主な設備等の例示です。
※一般的な施工状況を想定して作成しています。

設備の種類	分類	償却資産とする主なもの	家屋に含める主なもの	備考
建築工事	内装・造作等		床・壁・天井仕上（フリーアクセス床含む）店舗造作等工事一式	
電気設備	動力配線設備	特定の生産又は業務用（＊）の動力配線設備一式	動力配線設備一式　動力分電盤　動力操作盤　手元開閉器　金属ダクト　配線　プルボックス	
	幹線設備	高圧幹線設備一式	低圧幹線設備一式（配電盤から分電盤等までの配線・配管）	
	電力引込工事	設備一式		
	中央監視装置	装置一式　監視盤・センサー　配管・配線（※）		

※　家屋の評価基準において、動力配線設備の補正項目に「中央監視あり、なし」という区分があることから、配管・配線を家屋評価の対象とし、中央監視装置の本体のみを償却資産の申告対象としている市町村もあります（筆者注）。

設備の種類	分　類	償却資産とする主なもの	家屋に含める主なもの	備考
電気設備	受変電設備（特別）高圧受変電設備（キュービクル）	受変電設備一式 　受電盤 　　開閉装置 　　　開閉器 　　　断路器 　　　遮断器 　　計器類 　　　電圧計・電流計 　　　力率計・電力計 　　　積算電力計 　　保護装置 　　　保護継電器 　　　避雷器 　変圧器（トランス） 　フィーダ盤 　蓄電器（コンデンサー） 　配電盤 　配管・配線		

設備の種類	分　類	償却資産とする主なもの	家屋に含める主なもの	備考
電気設備	予備電源設備	発電機設備一式　　発電機　　燃料タンク　　配管・配線　蓄電池設備一式　　蓄電池　　充電器　　配管・配線　無停電電源設備（UPS）　定電圧定周波電源装置（CVCF）　直流電源設備　静止形電源設備　配管・配線		
	太陽光発電設備	発電設備一式　　太陽電池パネル　（屋根材一体型　ソーラーパネル　を除く）　　パワーコンディ　ショナー　　保護回路　　配管・配線　　架台	太陽電池パネル（屋根材一体型ソーラーパネル）	

設備の種類	分　類	償却資産とする主なもの	家屋に含める主なもの	備考
電気設備	電灯コンセント配線設備		電灯分電盤 配管・配線 アウトレットボックス スイッチコンセント類 フロアコンセント類 ワイヤリングダクト	
	照明設備	屋外の照明設備 　照明器具 　　外灯、庭園灯、 　　街路灯、 　　フットライト、 　　地中埋込灯 　配管・配線 非常用照明器具 （誘導灯、非常灯） 航空障害灯 投光器、スポットライト 電球・蛍光管	屋内の照明設備	電球や蛍光管そのものは家屋の評価の対象にならない。
	電話設備	電話機 交換機 電源装置 　蓄電池 　充電器 携帯電話・PHS用アンテナ設備	電話配線設備 　端子盤 　配管・配線 　プルボックス 　ボックス類 　ケーブルラック 　ローテーションスタッド	

設備の種類	分 類	償却資産とする主なもの	家屋に含める主なもの	備考
電気設備	呼出信号設備		信号盤 押ボタン盤 配管・配線 ボックス類	
	出退表示設備		表示器 押ボタン 配管・配線 ボックス類	平成24基準年度より家屋評価基準より削除されているが、建築設備の要件を満たすものは家屋評価の対象となる。
	入退室管理設備	設備一式 　監視盤・操作盤、ゲート 　カードリーダー・カード 　配管・配線		
	盗難非常通報設備（※）		通報装置 配管・配線	

※　盗難非常通報設備は、警備会社等からレンタルしている場合もあります。
　　その場合は、所有者である警備会社等の償却資産となります（筆者注）。

設備の種類	分　類	償却資産とする主なもの	家屋に含める主なもの	備考
電気設備	インターホン設備（有線通話設備）		親機、子機配管・配線ボックス集合玄関機	親機、子機については、平成20年1月1日以前の取得分は償却資産、平成20年1月2日以降の取得分は家屋。集合玄関機については、平成26年12月31日以前の取得分は償却資産、平成27年1月1日以降の取得分は家屋。
	電気時計設備	時計（親時計・子時計・電光時計等）端子盤その他器具類	配管・配線ボックス	平成24基準年度より家屋評価基準より削除されているが、建築設備の要件を満たすものは家屋評価の対象となる。
	拡声装置設備（放送・拡声設備）	装置及び機器類　非常用業務放送架　アンプ　マイク　スピーカー	配管・配線ボックス	

設備の種類	分　類	償却資産とする主なもの	家屋に含める主なもの	備考
電気設備	テレビジョン共同聴視設備	受像機（テレビ）	共同聴視設備 　アンテナ 　ブースターアンプ 　分配器 　整合器 　同軸ケーブル 　配管 　ボックス類	
	監視カメラ設備（ITV・CCTカメラ）	カメラ 受像機（テレビ） ITV架	配管 同軸ケーブル（配線） 接栓 ボックス類	
	ナースコール設備		機器（表示盤） 配管・配線	
	LAN設備	設備一式 　LANボード 　サーバー 　ハブ・ルーター 　ケーブル		

設備の種類	分類	償却資産とする主なもの	家屋に含める主なもの	備考
給水設備	給水設備	水道引込設備（水道メーターから外側の水道本管等）特定の生産又は業務用（＊）の給水設備水質改良等のための機器類（浄水器・活水器等）給水塔その他屋外の給水設備（洗車用等）	屋内の給水設備　配管　高架水槽　バルブ　ポンプ　ボールタップ　カラン（水栓）　受水槽・受水タンク	屋外に設置されている高架水槽や受水槽等の給水設備であっても、配管等により屋内の機器と一体になって効用を発揮しているものは、家屋。
	揚水設備	ポンプ、揚水管（地下水用のもの）	ポンプ、揚水管（高架水槽用のもの）	
排水設備	排水設備	屋外の排水設備特定の生産又は業務用（＊）の排水設備	屋内の排水設備　配管　バルブ、ポンプ	
給湯設備	中央式給湯設備（直接加熱式・間接加熱式）	屋外の配管独立煙突・煙道	ボイラーオイルタンクストレージタンク温度調節弁、ポンプ屋内の配管、バルブ、カラン	

設備の種類	分　類	償却資産とする主なもの	家屋に含める主なもの	備考
給湯設備	局所式給湯設備（電気湯沸器・ガス湯沸器）	給湯器（流し用等）	給湯器（浴室、床暖房用等）給湯管	ユニットバス等と一体型の湯沸器（給湯器）及び電気温水器（配管、室外機を含む）については、平成14年1月1日以前の取得分は償却資産、平成14年1月2日以降の取得分は家屋。
	局所式給湯設備（貯湯式）	電気温水器（流し用等）	機器等一式（浴室、床暖房用等）	家屋評点項目「給湯器（貯湯式）」は平成24基準年度より設定。
	中央式冷水設備		設備一式　チラーユニット　ポンプ　タンク　冷却塔　配管	平成24基準年度から家屋評価基準より削除されているが、建築設備の要件を満たすものは家屋評価の対象となる。

設備の種類	分　類	償却資産とする主なもの	家屋に含める主なもの	備考
衛生設備	衛生器具設備	タオル掛け 化粧鏡・姿見 紙巻器 ハンドドライヤー ベビーシート、ベビーチェア 多目的シート、着替え台 温水洗浄便座（容易に取外せるもの）	屋内の器具設備 　大便器、小便器 　洗面器、流し等 ユニットバス、ユニットシャワー システムキッチン ミニシステムキッチン 洗面化粧台、浴槽、風呂釜 浴室換気乾燥機 温水洗浄便座（便器一体型のもの）	
	浄化槽設備		し尿浄化槽等設備一式	平成27基準年度より家屋評価基準より削除されているが、建築設備の要件を満たすものは家屋評価の対象となる。
ガス設備		屋外の供給本管（ガスメーターから外側の配管）	配管 バルブ ガスカラン	

設備の種類	分　類	償却資産とする主なもの	家屋に含める主なもの	備考
空気調和設備	空調設備	ルームエアコンディショナー（ウインド型・壁掛型）特定の生産又は業務用（＊）の空調設備	中央式空調設備　冷凍機　冷却塔　ボイラー　オイルタンク　ポンプ　配管・ダクト・バルブ　空調機、送風機　吹出口、吸込口　ダンパー　自動制御機器　個別空調設備　マルチユニット機器　パッケージ機器　換気用機器（送風機、吹出口、吸込口、ダンパー等）　バルブ　全熱交換器　自動制御機器	ダクト設備等を伴うパッケージ型エアコンディショナー（ダクトを通じて相当広範囲にわたって冷房するもの）については、昭和62年1月1日以前取得分は償却資産、昭和62年1月2日以降取得分は家屋。
	換気設備		送排風機　吹出口　ダンパー　換気扇、換気口	
	エアカーテン		吹出口、送風機、吸込口	
	排煙設備（機械排煙設備）		排煙機　排煙口、給気口　ダクト、ダンパー	

88

設備の種類	分類	償却資産とする主なもの	家屋に含める主なもの	備考
空気調和設備	ベンチレーター		機器一式	
	クリーンルーム設備	空調浄化システム機器一式		
防災設備	火災報知設備	屋外の装置（配線を含む）	火災報知設備 　受信機、副受信機 　感知器 　配管、配線 　P型手動発信機	
	避雷設備		避雷設備 　突針 　導線 　接地電極	

設備の種類	分　類	償却資産とする主なもの	家屋に含める主なもの	備考
防災設備	消火設備	消火器 ホース ノズル ガスボンベ（ハロゲン・炭酸ガス） 屋外の消火栓設備 パッケージ型消火設備	消火栓設備 　消火ポンプ 　配管 　バルブ 　消火栓 　連結送水管 　サイアミーズコネクション ドレンチャー設備 　ポンプ、配管 　バルブ、ヘッド スプリンクラー設備（水道直結型を含む） 　ポンプ、エンジン 　配管、バルブ 　ヘッド 不活性ガス消火設備 　ガスボンベ用架台 　配管、バルブ 　ノズル、サイレン 　押ボタン 泡消火設備 　原液タンク 　ポンプ、ポンプ架台 　配管、バルブ、ヘッド	
	免震設備		機器一式	

設備の種類	分　類	償却資産とする主なもの	家屋に含める主なもの	備考
防災設備	制振装置	屋上等に設置された振り子装置	左記以外の装置	
	その他	緩降機 避難梯子		
運搬設備	気送管設備	気送子	気送管設備（エア・シューター）	
	昇降設備	リフト（工場用）	エレベーター エスカレーター 小荷物専用昇降機	
	垂直搬送設備	設備一式		
	製品搬送設備	工場用ベルトコンベア設備 ループシステム設備 搬送個（カルテ・書類等の運搬用）	事務用ベルトコンベア設備（カルテ・書類等の運搬用）	事務用ベルトコンベア設備については、平成18基準年度から家屋評価基準より削除されているが、建築設備の要件を満たすものは家屋評価の対象となる。

設備の種類	分　類	償却資産とする主なもの	家屋に含める主なもの	備考
清掃設備	清掃設備	チェアゴンドラ等簡易なもの	窓ふき用ゴンドラ	窓ふき用ゴンドラについては、昭和63年1月1日以前の設置分は償却資産、昭和63年1月2日以降の設置分は家屋。
	セントラルバキュームクリーナー		セントラルバキュームクリーナー 配管 バキューム口	平成27基準年度より家屋評価基準より削除されているが、建築設備の要件を満たすものは家屋評価の対象となる。
その他の設備	劇場用（舞台）設備	舞台幕 袖幕 緞帳 劇場スクリーン	舞台 巻取り装置 吊下げ装置 舞台転換用装置	
	既製間仕切パーティション	簡易な可動間仕切・既製間仕切（取付支柱等が天井までないもの） 衝立	可動間仕切・既製間仕切（取付支柱等が天井まであるもの） スライディングウォール	
	カウンター	造り付けのもの以外	造り付けカウンター	

設備の種類	分　類	償却資産とする主なもの	家屋に含める主なもの	備考
その他の設備	家具	造り付けのもの以外	造り付け家具	建物本体の一部として作った家具又は取り外しできない戸棚は家屋。
	自動扉装置		開閉装置一式	
	中水処理設備（雨水処理含む）雑用水設備	ろ過装置等一式流量調整槽汚泥貯槽ばっき槽	配管	
	塵芥（ゴミ）処理設備	設備一式　ゴミ処理機　生ゴミ用冷蔵庫　脱臭装置ディスポーザー設備		
	厨房設備	事業用の厨房設備（飲食店・ホテル・百貨店・病院・社員食堂等）機器一式（調理器具、食器洗浄機、製水機、食品保存庫、冷蔵庫、温蔵庫、下膳システム機器等）厨房除害設備（グリストラップ等）	システムキッチン（特定の生産又は業務用（飲食店等）の厨房設備を除く）	
	洗濯設備	洗濯機脱水機乾燥機プレス機		

設備の種類	分 類	償却資産とする主なもの	家屋に含める主なもの	備考
その他の設備	医療機器設備	各種の医療機器・装置及びユニット 医療用ガス設備及び吸引設備における配管 医療用ガス設備一式 （吸入口、ボンベ等） 吸引設備一式（真空ポンプ等） 消毒設備一式（消毒機器） 手術設備一式（手術台等） X線設備一式（X線装置、配線）		
	POSシステム	機器、配管・配線		
	自動車管制装置		設備一式 　感知器 　各種表示灯 　　案内灯、満車灯、信号灯 　配管・配線	

94

設備の種類	分　類	償却資産とする主なもの	家屋に含める主なもの	備考
その他の設備	駐車場設備	自走式駐車場 　簡易な組立式のもの 垂直循環式駐車場（メリーゴーランド式） 　機械装置一式 エレベータースライド方式駐車場（格納部分への水平移動もエレベーターのもの） 　エレベーター等機械装置一式 ターンテーブル 駐車料金自動収納装置一式 　料金精算機 　駐車券発行機 　車番認識装置 カーゲート、フラッパーゲート 車止め コーナーガード（柱・壁と一体となっているものを除く） カーブミラー	自走式駐車場 　鉄筋コンクリート造等の建造物 垂直循環式駐車場（メリーゴーランド式） 　外壁、屋根、基礎 エレベータースライド方式駐車場（格納部分への水平移動もエレベーターのもの） 　外壁、屋根、基礎 エレベーター方式駐車場（駐車スペースへは自走により移動するもの） 　外壁、エレベーター、基礎	屋内のターンテーブルについては、平成3年1月1日以前の取得分は家屋、平成3年1月2日以降の取得分は償却資産。

設備の種類	分　類	償却資産とする主なもの	家屋に含める主なもの	備考
その他の設備	駐輪場設備	駐輪設備一式 　駐輪ラック、サイクルコンベア		
	コージェネレーションシステム	機器一式		附属の貯湯タンク、バックアップ用給湯器等は家屋。
	広告塔・看板 サイン	広告塔・看板 ネオンサイン 文字看板、袖看板、案内板		
	カーテンブラインド	カーテン ブラインド ロールスクリーン	カーテンボックスブラインドボックス	
	外構工事	外構工事 囲障工事 （塀、防壁、門扉、フェンス） 舗装路面（構内舗装・舗装道路） 庭園、花壇、芝生 パーゴラ、ポール 貯水池、井戸		
	緑化設備 水景設備	緑化設備一式 　植栽、散水設備、 　排水設備、 　屋上・壁面緑化設備 水景設備一式		

設備の種類	分　類	償却資産とする主なもの	家屋に含める主なもの	備考
その他の設備	キャノピー（ガソリンスタンド等）	家屋と構造上一体となっていないもの	家屋と構造上一体となっているもの	
	ゴルフ練習場	打席部分に屋根はあるが、周壁がないもの	打席部分に屋根があり、打球の飛ぶ方向のみ解放され、その他は周壁があるもの	
	温室	恒久的なものではないもの（ビニールフィルムで覆っているもの）	基礎等を有し、屋根及び周壁に該当する部分が恒久的と認められるもの（屋根及び周壁が合成樹脂板、ガラス等を使用しているもの）	

設備の種類	分　類	償却資産とする主なもの	家屋に含める主なもの	備考
その他の設備	その他	メールボックス（集合郵便受、宅配ボックス） キーボックス 掲示板 防水板・防潮板 ウッドデッキ 防鳥ネット AED 独立焼却炉 電波障害設備 屋上とは別の骨組等でできたヘリポート 日よけテント バトン 家屋としての三要件（外気分断性、土地定着性、用途性）を満たしていない自転車置場、車庫、物置、ゴミ置場、ボンベ置場、切符売り場、簡易トイレ等 ガスタンク 石油タンク アーケード	シャッター 犬走り キャットウォーク ハト小屋 庇・樋 外階段 手摺り	

＊　特定の生産又は業務用の設備について
　家屋には電気設備、空調設備、給排水設備等の建築設備が取り付けられますが、家屋評価の対象となる建築設備とは、①「家屋の所有者が所有するもの」、②

「家屋に取り付けられ、家屋と構造上一体となっているもの」及び③「家屋の効用を高めるもの」の3要件を備えているものを言います。

　このうち③「家屋の効用を高めるもの」とは、当該建築設備を家屋に設置することにより、「家屋自体の利便性」が高まるものを言います。したがって、家屋に設置される設備のうち、必ずしも家屋自体の効用と関係のない他の事業用目的のために設置される設備（特定の生産又は業務用の設備）は、家屋評価に含まれず、償却資産として取扱います。

　例えば、工場等のように物の生産・加工を業とする者がその業のために使用する家屋には、通常の家屋に設置される設備（照明用電気配線や給水配管など）のほか、物の生産・加工のために必要とされる設備（工場機械用の動力配線など）が設置されます。この場合、通常の家屋に設置される設備は家屋評価の対象となりますが、物の生産・加工のために必要とされる設備は償却資産として取扱います。

＜具体例＞
・工場における機械を動かすための動力配線等の電気設備
・紡績業、精密機械工業等の工場における温湿度調和設備、集塵設備
・工業用水道配管・汚水配管
・浴場ボイラー（浴場業用、ホテル又は旅館用）
・厨房ボイラー（飲食店業用、ホテル又は旅館用）
・サーバー室（人が作業することが想定されない部屋）に設置されている大型サーバーの冷却のための専用空調設備　　　　　　　（東京都主税局 Web サイトより）

②　賃借人（テナント）として付加した附属設備

　家屋の賃借人（テナント）がその賃借している店舗や事務所に自ら取り付けた内装等の附属設備（以下「付加資産」といいます。）は、家屋と一体となっているようにも思われますが、原則として所有者（オーナー）の家屋として評価せずに、賃借人の償却資産として取り扱われます。

　従前は、民法第242条の規定により、付加資産が不動産に付合したものは、家屋の所有者に所有権が帰属したものとして、家屋に属する部分は家屋評価の対象に含められ、家屋に属さない部分は、家屋の所有者の償却資産の申告対象とされていました。

民法

（不動産の付合）

第242条　不動産の所有者は、その不動産に従として付合した物の所有権を取得する。ただし、権原によってその物を附属させた他人の権利を妨げない。

　しかし、家屋の所有者にとっては、自らが起因しない事由（賃借人による付加資産の取り付け）に基づき課税されることとなること、また、実際にその付加資産を使用収益しているのは家屋の所有者ではなく賃借人であること、法人税の所得の計算上、取り付けた賃借人がその付加資産の減価償却をしていることなどから、納税者意識に合致した取扱いになるように平成16年度税制改正により改正されたものです（住澤整ほか「平成16年度改正税法のすべて」（大蔵財務協会）508頁参照）。

　そのため、平成16年4月1日以後に賃借人が事業のために取り付けた付加資産について、図表2－13の特定附帯設備に該当するものは、家屋に属する部分であっても賃借人の償却資産とみなして課税することができることとされました（地法343⑩、地規10の2の15、地方税法第343条第9項の適用に関する留意事項等について（平成16年10月8日総務省自治税務局固定資産税課長・総務省自治税務局固定資産評価室長通知）※）。

　※　平成16年度税制改正時は第343条9項でしたが、令和2年度税制改正により第5項（所有者不明土地等に係る使用者を所有者とみなす規定）が追加されたため、現在は第10項になります。

<図表2-13　特定附帯設備>

特定附帯設備の要件

ア　家屋の附帯設備であること

イ　所有者以外の者が事業用に取り付けたもの

ウ　その家屋に付合したため、その家屋の所有者の所有になったもの

家屋の種類	特定附帯設備に含まれる設備
木造家屋	建築設備（※1）、外壁仕上、内壁仕上、天井仕上、造作、床又は建具
非木造家屋	建築設備（※2）、特殊設備（※3）、外周壁骨組、間仕切骨組、外壁仕上、内壁仕上、床仕上、天井仕上、屋根仕上又は建具

※1　木造家屋の建築設備とは、電気設備、ガス設備、給水設備、排水設備、衛生設備等の家屋に附属して家屋の機能を発揮するための設備をいいます（固定資産評価基準第2章第2節二3）。

※2　非木造家屋の建築設備とは、電気設備、衛生設備、空調設備、防災設備、運搬設備等の家屋に附属して家屋の機能を発揮するための設備をいいます（固定資産評価基準第2章第3節二3）。

※3　非木造家屋の特殊設備とは、劇場及び映画館のステージ、銀行のカウンター、金庫室等の特殊な設備及び階段の手摺等に別に装飾を施したもの等をいいます（固定資産評価基準第2章第3節二3）。

　　特定附帯設備のうち家屋に属する部分と家屋に属さない部分の関係は、次頁のイメージ図（総務省職員による解説図）を参照してください。

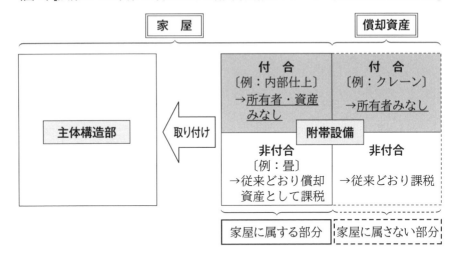

（図2）【法第343条第9項のイメージ（▨▨部分が適用対象）】

家屋の 附帯設備	付合の成否	課税関係	
		原　　則	本規定適用
家屋に属する 部分 （家屋のうち附帯 設備に属する部 分その他総務省 令で定めるもの）	付合する 状態にある	家　屋 （家屋の所有者に課税）	償却資産 （取り付けた者に課税）
	付合する 状態にない	償却資産	償却資産
家屋に属さない 部分 （上記以外の 部分）	付合する 状態にある	償却資産 （家屋の所有者に課税）	償却資産 （取り付けた者に課税）
	付合する 状態にない	償却資産	償却資産

注：「家屋に属さない部分」の課税関係は、当該部分が事業の用に供することができる
　　場合に限る。　　　　　（「地方税　平成17年7月号」（地方財務協会）91頁より）

ただし、この規定が適用されるのは、その市町村の条例の定めが必要なため、条例が制定されていない場合は、償却資産とみなして取り扱われず、原則どおり家屋に属する部分は所有者の家屋評価の対象に含まれ、家屋に属さない部分は家屋の所有者の償却資産の申告対象とされることとなります。

よって、賃借人の特定附帯設備を償却資産として申告をする際には、事前にその市町村の申告の手引きを確認する必要があります。

※　この規定を適用するか否かを市町村の判断に委ね、条例の制定が必要とされたのは、この規定が固定資産税の所有者課税主義の例外であることと、テナントビル等の特定附帯設備が取り付けられる家屋が多い都市部はともかく、該当事例がほとんどない市町村があること等を踏まえたものとされています（「地方税平成17年7月号」（地方財務協会）81頁参照）。

なお、東京都においては、平成10年1月2日以降に賃借人が事業のために取り付けた付加資産についても償却資産として取り扱っており、昭和50年1月2日から平成10年1月1日までに賃借人が事業のために取り付けた付加資産については、家屋の所有者と賃借人との合意による「固定資産税における家屋と償却資産の分離申出書」の提出がある場合に、償却資産として取り扱っていました。

地方税法

第343条　固定資産税の納税義務者等

10　家屋の附帯設備（家屋のうち附帯設備に属する部分その他総務省令で定めるものを含む。）であって、当該家屋の所有者以外の者がその事業の用に供するため取り付けたものであり、かつ、当該家屋に付合したことにより当該家屋の所有者が所有することとなったも

の（以下この項において「特定附帯設備」という。）については、当該取り付けた者の事業の用に供することができる資産である場合に限り、当該取り付けた者をもって第1項の所有者とみなし、当該特定附帯設備のうち家屋に属する部分は家屋以外の資産とみなして固定資産税を課することができる。

地方税法施行規則

第10条の2の15　法第343条第10項の家屋の附帯設備

　法第343条第10項に規定する総務省令で定めるものは、木造家屋にあっては外壁仕上、内壁仕上、天井仕上、造作、床又は建具とし、木造家屋以外の家屋にあっては外周壁骨組、間仕切骨組、外壁仕上、内壁仕上、床仕上、天井仕上、屋根仕上又は建具とする。

参考通達

平成 16 年 10 月 8 日

総 税 固 第 ４ ６ 号

総 税 評 第 ３ ０ 号

各 道 府 県 総 務 部 長

東京都総務・主税局長　殿

総務省自治税務局固定資産税課長

総務省自治税務局資産評価室長

地方税法第 343 条第 9 項の適用に関する留意事項等について

先の、地方税法及び国有資産等所在市町村交付金及び納付金に関する法律の一部を改正する法律（平成 16 年法律第 17 号）により、地方税法（昭和 25 年法律第 226 号）第 343 条第 9 項が創設されたところですが、同項の創設の趣旨並びにその解釈及び運用等の留意事項については、下記のとおりですので、適切に対処されるようお願いいたします。

また、貴都道府県内市町村に対しても、この旨周知されるようよろしくお願いします。

記

1　創設の趣旨

地方税法（以下「法」という。）第 343 条第 9 項（以下「本項」という。）に規定する特定附帯設備については、家屋の所有者に課税することが原則であるが、当該家屋の所有者にとっては課税の原因

が自らに起因しない事由によるものであり、また、その使用収益は特定附帯設備を取り付けた者に帰属すると考えられるため、課税関係を所有者課税の原則により、一律に取り扱うことが必ずしも合理的とはいえない場合があること。

　そのため、当該特定附帯設備については、これを取り付けた者の事業の用に供することができる資産である場合に限り、当該取り付けた者を所有者とみなし、当該特定附帯設備のうち家屋に属する部分は償却資産とみなすことができることとしたものである。

　これにより、固定資産税制度を、より納税者意識に合致し、かつ、実態に即したものとし、家屋の附帯設備に係る課税関係の合理化を図るとともに、その適用の有無を市町村の実情に応じた判断に委ねることにより、課税事務の円滑な実施に寄与するものであること。

2　「家屋の附帯設備」の範囲
　本項に規定する「家屋の附帯設備」には、家屋に属する部分と家屋に属さない部分があること。
　家屋に属する部分とは、固定資産評価基準第2章における建築設備及び特殊設備並びに地方税法施行規則（昭和29年総理府令第23号）第10条の2の7に規定するものであり、家屋に属さない部分とは、法第341条第4号に規定する償却資産その他家屋に取り付けられたものであること。

3　「取り付けた者」の範囲
　本項の「取り付けた者」には、特定附帯設備を自らの事業の用に供するために取り付けた者のほか、当該取り付けた者から、その法的地位を承継（包括承継、個別承継を問わない。）した者が含まれるも

のであること。こうした者としては、例えば、当該取り付けた者からの相続、賃借権若しくは営業の譲渡、当該取り付けた者が法人である場合における当該法人の合併若しくは分割、又は当該取り付けた者が個人事業者である場合における当該個人事業者のいわゆる法人成り等により、家屋の所有者に対して特定附帯設備を使用する権原を取得した者が該当すること。

4　条例の制定及び適用関係等

(1)　本項の規定を適用するためには、市町村において、条例に本項の規定を措置する必要があること。なお、課税の公平性を確保するため、本項の適用は、当該市町村内の全ての家屋及び特定附帯設備について一律に行われなければならないものであること。

(2)　本項の規定は、平成16年4月1日以後に取り付けられた特定附帯設備に対して課する平成17年度以後の年度分の固定資産税について適用されるものであること。これは、課税関係の安定に配慮し、本項の規定を遡及適用しない趣旨であることから、条例に規定する場合においても、適用期日等に留意する必要があること。

(3)　本項を適用するに当たっては、事業用賃貸家屋の所有者（賃貸人）、賃借入等、関係者に対して、本制度の趣旨、内容等について十分周知するとともに、特定附帯設備に係る納税義務者及び資産区分に変更が生じるものの、課税対象の範囲が拡大するものではないことについても十分周知を図ること。

5　市町村内における特定附帯設備の状況の把握

本項を適用する市町村においては、特定附帯設備に対する課税を適正かつ公平に行うため、事業用賃貸家屋の賃借人の異動及び賃借

人が取り付けた特定附帯設備の状況を的確に把握できるよう留意すること。

6 都道府県と市町村間の協力関係の強化

本項を適用する市町村においては、特定附帯設備に係る納税義務者及び資産区分が、一般的には、不動産取得税におけるそれと異なること。したがって、都道府県と市町村の間において、とられている家屋評価事務に関する相互の連絡・協力関係について、より一層強化する必要があること。

7 都道府県知事から価格を通知された家屋の評価

本項を適用する市町村において、本項の規定により償却資産とみなして課税される部分が取り付けられた家屋について、都道府県知事から法第73条の21第3項の規定によって通知された価格があるときは、法第409条第2項に規定する「その他特別の事情があるため当該通知に係る価格により難い場合」として、当該価格から当該部分を控除して当該家屋の評価を行うものであること。

8 家屋の附帯設備が収去され、特定附帯設備が取り付けられた場合の取扱い

家屋に含めて課税されている附帯設備（以下「旧附帯設備」という。）が収去され、新たに特定附帯設備が取り付けられた場合には、納税者意識等を考慮し、第2又は第3年度であっても、法第349条第2項第1号に規定する「その他これらに類する特別の事情」があり、前年度の課税標準の基礎となった価格によることが不適当であると市町村長が認める場合に該当するものとし、同条第2項、第

３項又は第５項の規定に基づき、当該収去部分を控除して価格変更を行い、課税標準を変更することが適当であること。

9　特定附帯設備がその要件を満たさなくなった場合等の取扱い

　　特定附帯設備がその要件を満たさなくなった場合又は取り付けた者の事業の用に供することができる資産でなくなった場合は、当該附帯設備については、本項の対象外となり、納税義務者又は資産区分が変更されること。

　　ただし、当該変更による家屋の価格の変更の要因は、増改築等のように家屋自体の形態の変化によるものではないため、法第349条第２項第１号に規定する「その他これらに類する特別の事情」に該当しないことから、基準年度を待って当該家屋の価格を変更決定し、課税標準の変更を行うべきものであり、第２及び第３年度においては課税標準の変更を行う必要はないと解されること。

③　市町村の家屋評価時点での照会

　　事業用の建物の取得又は建設をした年の翌年の償却資産の申告においては、取得価額が大きい附属設備や構築物について、申告漏れとなった場合に税額への影響が大きいため、注意が必要です。

　　償却資産の申告対象となる設備を具体的に抽出する際には、「工事請負契約書」や「工事見積書」等をもとに設備を特定するとともにその取得価額を算出する必要があります。

　　また、市町村の家屋評価担当の調査を受けた場合には、どの設備が償却資産の申告対象となるのか、その時点で事前照会しておくことが有効です。

市町村によっては、家屋評価担当と償却資産担当が異なる場合も多く、家屋評価時点では償却資産の取扱いに言及されないこともありますので、事業者の側から積極的に質問をして、償却資産申告対象の資産を明らかにしておくことが、後日の市町村調査（5年遡及課税）対策のためにも重要です。

④　**家屋と償却資産の区分フローチャート**

　附属設備に対する家屋と償却資産の区分の判定について、上記①〜③を踏まえたポイントをフローチャートでまとめると図表2−14のとおりです。

＜図表２－14　家屋と償却資産の区分フローチャート＞

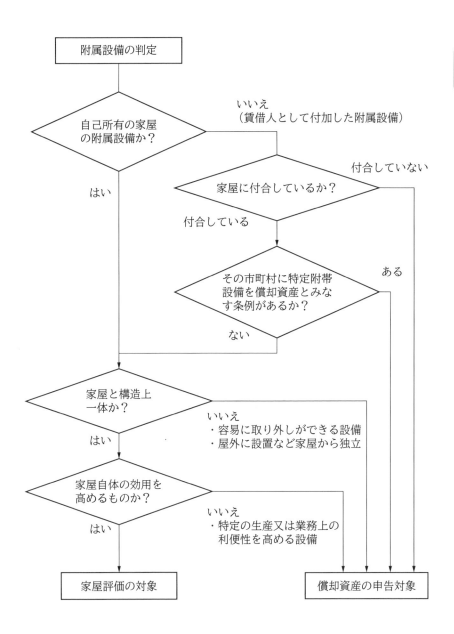

Q2-3　取得価額が不明な中古の附属設備

　当社は中古の建物を取得しました。その建物に受変電設備や外構工事といった償却資産申告対象の附属設備等があることは判明していますが、一括の金額で購入したため、その内訳が不明で設備ごとの金額が不明です。どのように申告すればよいでしょうか？

A　その建物の建設当時の工事見積書等が残っていない場合は、取得価額を算定することが困難と考えられますが、取得価額が不明であるからといって申告対象外とすることは、市町村の立場からすると認められません。

　固定資産評価基準第3章第1節七において、取得価額が明らかでない償却資産の取得価額は、その年度の賦課期日（1月1日）に一般市場で新品として取得するために通常支出すべき再取得金額とされていますので、設備のメーカーに標準的な金額を問合せする方法が考えられますが、それでも難しい場合は、建物全体の購入金額の一定割合を設備ごとの金額として設定して取得価額とする方法、市町村に照会をして前所有者の申告額を基礎とする方法等が考えられます。いずれにしても市町村と協議のうえ、他の事業者とも均衡の取れた金額を算定する必要があります。

固定資産評価基準　第3章　償却資産　第1節　償却資産

七　取得価額が明らかでない償却資産の取得価額

　取得価額が明らかでない償却資産の取得価額は、当該償却資産の再取得価額（再取得価額が明らかでないときは、資産再評価の基準の特例に

関する省令（昭和 25 年大蔵省令第 54 号）第 2 条又は第 3 条の規定の例によって推定して求めた当該償却資産の取得の時期における正常な価額）によるものとする。この場合において、再取得価額とは、当該年度の賦課期日に一般市場において当該償却資産を新品として取得するために通常支出すべき金額（付帯費の額を含み、当該償却資産が承継して取得されたもので新品以外のものであるときは、当該金額から当該償却資産の取得の日までの経過年数に応じ二から四までに準じて当該償却資産の耐用年数に応ずる減価を行った後の額）をいうものとする。

⑹ 市町村調査を踏まえた償却資産申告チェックリスト

償却資産の申告にあたって、市町村の調査（第3章参照）を踏まえて、次のチェックリスト（図表2-15（法人）、図表2-16（個人））のような内容を事前にチェックしておくことが望ましいと考えられます。

＜図表2-15　償却資産申告チェックリスト（法人）＞

確認書類	項目	備考
償却資産申告書（電算処理方式）	耐用年数が経過した資産の評価額は、その取得価額の5%となっているか	誤って1円まで償却した額を評価額として計算していないか
前年度の償却資産申告書	当年度の償却資産申告書の資産の種類ごとの「前年前に取得したもの」の金額が前年度の償却資産申告書に記載した額と合致しているか	
前年度の償却資産申告書	前年度の種類別明細書に記載されている資産の取得年月、取得価額、耐用年数に誤りがないか	
前年度の償却資産申告書	前年度の種類別明細書に記載されていない資産（申告漏れ）がないか	
前年度の償却資産申告書	前年度の種類別明細書に記載されている資産に減少（移動、除却等）漏れがないか	
前年度の償却資産申告書	償却資産申告対象外の資産が申告されていないか	家屋評価の対象となる建物・附属設備 自動車税・軽自動車税の課税客体となる自動車・軽自動車 無形固定資産　など
固定資産台帳	償却資産申告対象の資産について、償却資産申告書への記載漏れがないか	

確認書類	項目	備考
固定資産台帳	償却資産申告書に記載している取得年月と相違はないか	特に取得年が相違している資産がないか
固定資産台帳	償却資産申告書に記載している取得価額と相違はないか	消費税を含めた取得価額（税抜経理又は税込経理）が固定資産台帳と合致しているか
固定資産台帳	償却資産申告書に記載している耐用年数と相違はないか	税務調整をしている場合は、税務会計上の耐用年数を適用するため、固定資産台帳の耐用年数と相違する場合がある
固定資産台帳	償却資産申告書上、資産所在地が誤っている資産がないか	機械装置や工具器具及び備品等の資産所在地の移動に注意する
固定資産台帳	償却資産申告書上、除却している資産の減少漏れがないか	
固定資産台帳	年末に取得した資産の償却資産申告漏れがないか	
固定資産台帳	建物・附属設備等に計上した自己所有の家屋に係る資産で家屋評価の対象外となるものについて、償却資産申告書への記載漏れがないか	受変電設備等の償却資産申告対象の資産が電気設備一式等の科目に含まれている場合は、工事見積書等から取得価額を按分して申告する
固定資産台帳	車両及び運搬具に計上した大型特殊自動車について、償却資産申告書への記載漏れがないか	

確認書類	項目	備考
法人税申告書		
別表4	減価償却超過額が発生している場合、固定資産台帳に記載されていない簿外資産で償却資産申告対象のものがないか	
別表5(1)	過去の減価償却超過額の繰越しがある場合、固定資産台帳に記載されていない簿外資産で償却資産申告対象のものがないか	
別表13	圧縮記帳が適用されている資産の取得価額が償却資産申告書上は圧縮前の金額で申告されているか	
別表16(1)	減価償却超過額が発生している場合、固定資産台帳に記載されていない簿外資産で償却資産申告対象のものがないか	
別表16(2)	減価償却超過額が発生している場合、固定資産台帳に記載されていない簿外資産で償却資産申告対象のものがないか	
別表16(6)	有形固定資産として処理すべき資産が誤って繰延資産に計上されていないか	テナントが取り付けた店舗造作費用等が繰延資産（権利金等）に計上されている場合がある
別表16(7)	少額減価償却資産特例を適用している資産について、償却資産申告書に記載されているか。	償却資産申告対象外の資産を除く
別表16(8)	一括償却資産が償却資産申告書に誤って申告されていないか	

確認書類	項目	備考
総勘定元帳		
（消耗品費等）	費用処理した消耗品費の中に 10 万円以上のもの（固定資産計上もれ）がないか、税務会計上少額減価償却資産特例を適用すべき資産がないか	税務会計上 20 万円未満の一括償却資産として処理するものは、償却資産申告対象外
（修繕費等）	費用処理した内容に資本的支出として資産計上すべきものがないか	税務会計上資産計上すべきものを費用処理した場合は、税務調整が必要
（貯蔵品）	何らかの理由で有形固定資産として処理されなかったが、償却資産申告対象となる資産がないか	機械等の遊休資産で、いつでも事業の用に供することができる状態のもの等
（棚卸資産）	何らかの理由で有形固定資産として処理されなかったが、償却資産申告対象となる資産がないか	不動産業で商品として売却予定の棚卸資産を賃貸している場合や広告宣伝の用に供している場合がある
（建設仮勘定）	先行して事業の用に供しているため、償却資産申告対象となる資産がないか	
（研究開発費）	研究開発用減価償却資産が償却資産申告書に反映されているか	研究開発用固定資産が固定資産台帳とは別に管理されている場合がある
（繰延資産）	何らかの理由で有形固定資産として処理されなかったが、償却資産申告対象となる資産がないか	テナントが取り付けた店舗造作費用等が繰延資産（権利金等）に計上されている場合がある

<図表２－16　償却資産申告チェックリスト（個人）>

確認書類	項目	備考
償却資産申告書（電算処理方式）	耐用年数が経過した資産の評価額は、その取得価額の５％となっているか	誤って１円まで償却した額を評価額として計算していないか
前年度の償却資産申告書	当年度の償却資産申告書の資産の種類ごとの「前年前に取得したもの」の金額が前年度の償却資産申告書に記載した額と合致しているか	
前年度の償却資産申告書	前年度の種類別明細書に記載されている資産の取得年月、取得価額、耐用年数に誤りがないか	
前年度の償却資産申告書	前年度の種類別明細書に記載されていない資産（申告漏れ）がないか	
前年度の償却資産申告書	前年度の種類別明細書に記載されている資産に減少（移動、除却等）漏れがないか	
前年度の償却資産申告書	償却資産申告対象外の資産が申告されていないか	家屋評価の対象となる建物・附属設備 自動車税・軽自動車税の課税客体となる自動車・軽自動車 無形固定資産　など
青色申告決算書又は収支内訳書	償却資産申告対象の資産について、償却資産申告書への記載漏れがないか	
青色申告決算書又は収支内訳書	償却資産申告書に記載している取得年月と相違はないか	特に取得年が相違している資産がないか
青色申告決算書又は収支内訳書	償却資産申告書に記載している取得価額と相違はないか	消費税の処理（税抜経理又は税込経理）は会計処理と合致しているか

確認書類	項目	備考
青色申告決算書又は収支内訳書	償却資産申告書に記載している耐用年数と相違はないか	
青色申告決算書又は収支内訳書	償却資産申告書上、資産所在地が誤っている資産がないか	機械装置や工具器具及び備品等の資産所在地の移動に注意する
青色申告決算書又は収支内訳書	償却資産申告書上、除却している資産の減少漏れがないか	
青色申告決算書又は収支内訳書	年末に取得した資産の償却資産申告漏れがないか	
青色申告決算書又は収支内訳書	建物、附属設備等に計上した自己所有の家屋に係る資産で家屋評価の対象外となるものについて、償却資産申告書への記載漏れがないか	受変電設備等の償却資産申告対象の資産が電気設備一式等の科目に含まれている場合は、工事見積書等から取得価額を按分して申告する
青色申告決算書又は収支内訳書	車両及び運搬具に計上した大型特殊自動車について、償却資産申告書への記載漏れがないか	
青色申告決算書	少額減価償却資産特例を適用している資産について、償却資産申告書に記載されているか。	償却資産申告対象外の資産を除く
青色申告決算書又は収支内訳書	一括償却資産が償却資産申告書に誤って申告されていないか。	

※　総勘定元帳についても、必要に応じて法人と同様に確認する。

第3章
償却資産調査の実態と対応

(1) 償却資産調査の概要

　償却資産申告書の提出後に、市町村において償却資産の申告内容が適正かどうかの確認調査（税務調査）を行っていますが、その前提として申告納税方式ではなく、賦課課税方式である固定資産税の調査であることを理解することが重要です。

　まず、申告納税方式と賦課課税方式の違いから説明していきます。

① 申告納税方式と賦課課税方式の違い

ア 申告書の意義

　　法人税や所得税など国税の多くは、納税者が課税標準額である所得金額等を計算し申告することで、自ら税額を確定させて納付する申告納税方式を採用しています。申告納税方式においては、申告によって租税債務を負担するという具体的効果が発生します。

　　地方税においても法人事業税や法人住民税、事業所税等が申告納税方式となります。

　　一方、償却資産を含む固定資産税は、市町村の賦課決定にて税額を確定し、納税通知書を送付することにより、納税者が納税する賦課課税方式を採用しています。

　　償却資産は申告義務がありますが、固定資産税として賦課課税されるものですので、償却資産申告書は、上記の申告納税方式における納

121

税申告書とは異なります。

　つまり、償却資産申告書は、課税標準の申告書であって、第 1 章(3)②イ電算処理方式のように自ら課税標準額を計算することがあっても、税額を確定させるものではなく、あくまで税額を確定させるための資料の提出（通知行為）という位置づけに留まります。市町村がその申告内容に基づいて賦課決定を行うこととなります。

イ　修正申告書の意義

　申告納税方式において、既に申告納付した税額に不足がある場合は修正申告書の提出により不足税額を申告納付する必要があり、もし、修正申告書の提出がない場合は、税務署等による更正が行われます。

　ただし、課税標準額や税額が減少する場合は、修正申告書を提出することが認められず、税務署等へ更正の請求をして、減額更正及び還付を受けることとなります。

　償却資産についても、申告漏れや取得年月、取得価額、耐用年数の申告誤りがあり、既に納付した税額に不足がある場合は修正の申告書を提出する必要があります。修正の申告書の提出を受けて、市町村の賦課決定による追加課税が行われます。

　一方、償却資産は過大申告等で税額が減額になる場合であっても、更正の請求という手続きではなく、減額の修正の申告書を提出する必要があります。市町村の賦課決定に係る課税資料として正しい内容の償却資産中告書が必要になるためです。

ウ　附帯税（附帯債務）への影響

㋐　期限後申告書

　申告納税方式において、申告期限が経過した後でも、税務署長等

の決定があるまでは期限後申告書を提出することができます。期限後申告書に対しては、無申告加算税が課されるほか、法定納期限（申告期限）までに完納しなかった税額に対して延滞税が課されます。

　一方、償却資産については、期限後の申告書を提出しても税額を確定する賦課決定が行われていないため、申告納税方式のように不申告加算金及び延滞金の発生はなく、固定資産税の本税のみの課税が行われます。

　　※　国税では、本税の附帯債務を附帯税（租税）と位置づけ、各種の加算税や延滞税が課されますが、地方税においては、国税の加算税や延滞税に相当する附帯債務として各種の加算金や延滞金が課されます。

㈑　修正申告書

　申告納税方式においては、修正申告書の提出により納付した税額に対して、更正を予知しないで自主的に修正した場合等を除き、過少申告加算税が課されるほか、法定納期限（申告期限）までに完納しなかった税額に対して延滞税が課されます。

　一方、償却資産については、調査等により修正の申告書を提出し、5年遡及等の過年度課税が行われたとしても、申告納税方式のように過少申告加算金や延滞金の発生はなく、原則として固定資産税の本税のみの課税が行われます。

㈒　償却資産の延滞金等

　償却資産について、期限後の申告書や修正の申告書の提出があっても、原則として固定資産税の本税のみの課税が行われますが、申告をしなかったこと又は虚偽の申告をしたことによって不足税額を

123

追徴する場合には、延滞金を加算して徴収することとされています（地法368）。

　また、固定資産税の賦課決定が行われ、納税通知書に記載された法定納期限までに納付が行われないときは、その滞納した期間に応じて延滞金が発生します（地法369）。

　なお、延滞金のほか、虚偽の申告をした事業者に対して、1年以下の懲役又は50万円以下の罰金に処するという罰則規定があり（地法385）、正当な事由がなく申告しなかった事業者に対して、市町村の条例で10万円以下の過料を科する規定を設けることができるとされています（地法386）。

地方税法

第368条　申請又は申告をしなかったことによる固定資産税の不足税額及び延滞金の徴収

　市町村長は、不動産登記法第36条、第37条第1項若しくは第2項、第42条、第47条第1項、第51条第1項（共用部分である旨の登記又は団地共用部分である旨の登記がある建物の場合に係る部分を除く。）、第2項若しくは第3項若しくは第57条の規定によって登記所に登記の申請をする義務がある者、第383条若しくは第745条第1項において準用する第383条の規定によって市町村長若しくは道府県知事に申告をする義務がある者又は第394条の規定によって道府県知事若しくは総務大臣に申告をする義務がある者がそのすべき申請又は申告をしなかったこと又は虚偽の申請又は申告をしたことにより第417条又は第743条第2項の規定によって当該固定資産の価格（土地及び家屋にあっては基準年度の価格又は第

349条第2項ただし書、第3項ただし書、第4項、第5項ただし書若しくは第6項の規定により当該価格に比準するものとされる価格（以下「比準価格」と総称する。）を、償却資産にあっては賦課期日における価格をいう。以下同様とする。）を決定し、又は修正したことに基づいてその者に係る固定資産税額に不足税額があることを発見した場合においては、直ちにその不足税額のうちその決定があった日までの納期に係る分（以下本条において「不足税額」という。）を追徴しなければならない。ただし、不足税額と既に市町村長が徴収した固定資産税額との合計額が第349条の4又は第349条の5の規定によって当該市町村が固定資産税の課税標準とすべき金額に対する固定資産税額を超えることとなる場合においては、当該市町村長が追徴すべき不足税額は、既に徴収した固定資産税額と同条の規定によって当該市町村が固定資産税の課税標準とすべき金額に対する固定資産税額との差額を限度としなければならない。

2　前項の場合においては、市町村の徴税吏員は、不足税額をその決定があった日までの納期の数で除して得た額に、第362条の納期限（納期限の延長があったときは、その延長された納期限とする。以下固定資産税について同様とする。）の翌日から納付の日までの期間の日数に応じ、年14.6パーセント（当該不足税額に係る納税通知書において納付すべきこととされる日までの期間又はその日の翌日から1月を経過する日までの期間については、年7.3パーセント）の割合を乗じて計算した金額に相当する延滞金額を加算して徴収しなければならない。

3　市町村長は、納税者が第1項の規定によって不足税額を追徴されたことについてやむを得ない事由があると認める場合においては、

前項の延滞金額を減免することができる。

第369条　納期限後に納付する固定資産税の延滞金

　　固定資産税の納税者は、第362条の納期限後にその税金を納付する場合においては、当該税額に、その納期限の翌日から納付の日までの期間の日数に応じ、年14.6パーセント（当該納期限の翌日から1月を経過する日までの期間については、年7.3パーセント）の割合を乗じて計算した金額に相当する延滞金額を加算して納付しなければならない。

2　市町村長は、納税者が前項の納期限までに納付しなかったことについてやむを得ない事由があると認める場合においては、同項の延滞金額を減免することができる。

第385条　固定資産に係る虚偽の申告等に関する罪

　　第383条から前条までの規定により申告すべき事項について虚偽の申告をした者は、1年以下の懲役又は50万円以下の罰金に処する。

2　法人の代表者又は法人若しくは人の代理人、使用人その他の従業者がその法人又は人の業務又は財産に関して前項の違反行為をした場合には、その行為者を罰するほか、その法人又は人に対し、同項の罰金刑を科する。

第386条　固定資産に係る不申告に関する過料

　　市町村は、固定資産の所有者（第343条第9項及び第10項の場合には、これらの規定により所有者とみなされる者とする。第393条及び

第394条において同じ。）が第383条若しくは第384条の規定により、又は現所有者が第384条の3の規定により申告すべき事項について正当な事由がなくて申告をしなかった場合には、その者に対し、当該市町村の条例で10万円以下の過料を科する旨の規定を設けることができる。

エ　まとめ

申告納税方式における法人税、所得税と賦課課税方式である償却資産の制度の違いをまとめると図表3−1のとおりです。

<図表3−1　申告納税制度と賦課課税制度の違い>

制度 ＼ 税目	法人税・所得税	償却資産	備考
税額の確定	納税者の申告書の提出	市町村による賦課決定	
申告書の意義	納税申告書	課税標準の申告書	課税標準の申告書は、税額を確定するための参考資料の意味を持つ
既に納付した税額が増える場合	修正申告書の提出	修正の申告書に対して、賦課決定	申告納税制度においては、修正申告書の提出がない場合に更正が行われる
	税務署長の職権による更正（増額の更正）		
期限内申告で納付した税額が増える場合	過少申告加算税（※）、延滞税が発生する	加算金は発生しない	※過少申告加算税に代えて、重加算税が課される場合がある
期限後申告で納付した税額が増える場合	無申告加算税（※）、延滞税が発生する	加算金は発生しない	※無申告加算税に代えて、重加算税が課される場合がある
既に納付した税額が減少する場合	更正の請求による更正（減額の更正）	修正の申告書に対して、賦課決定	申告納税制度においては、税額を減少させる修正申告書を提出することができない
	税務署長の職権による更正（減額の更正）		税務調査による減額の場合は、更正の請求がなくても職権による更正が行われる
不申告の場合	税務署長の職権による決定	申告書の提出がなくても賦課決定は可能	
期限後申告又は決定が行われた場合	無申告加算税（※）、延滞税が発生する	加算金は発生しない	※無申告加算税に代えて、重加算税が課される場合がある

128

② 調査の根拠

地方税法上、「市町村長は、固定資産評価員又は固定資産評価補助員にその市町村所在の固定資産の状況を毎年少なくとも1回実地に調査させなければならない」と定めています（地法408）。

しかし、全ての事業者を毎年1回実地調査するのは現実的ではないため、資料の収集により市町村庁舎内で行う机上調査を含めて5年程度のサイクルで調査を行っている場合や、申告内容に疑義がある事業者、申告漏れが発生しやすい業種を中心に調査をするのが一般的です。

固定資産評価補助員である市町村職員には、固定資産税の賦課徴収に関する調査のために必要がある場合に、納税者や固定資産税の賦課徴収に直接関係があると認められる者等に質問するとともに、帳簿書類その他の物件の提出を求めることができる質問検査権が認められています（地法353①）。

また、市町村職員は、事業者又は官公署に調査に関する参考資料の閲覧又は提供を求めることができるほか（地法20の11）、税務署において法人税申告書や所得税確定申告書の閲覧又は記録をすることができるため（地法354の2）、これらの書類を閲覧して、あらかじめ申告漏れを生じていると思われる資産を把握してから実地調査を行う場合もあります。

市町村職員による調査は、事業者等の協力のもとに行う任意調査であり、不正申告や脱税を摘発する犯罪調査ではないとされています（地法353⑥）。

ただし、任意調査であっても、正当な理由がなく帳簿書類その他の物件の検査を拒み、妨げ、又は忌避した者、偽りの記載をした帳簿書類その他の物件を提出した者への罰則規定があります（地法354）。

第408条　固定資産の実地調査

　市町村長は、固定資産評価員又は固定資産評価補助員に当該市町村所在の固定資産の状況を毎年少くとも1回実地に調査させなければならない。

第353条　徴税吏員等の固定資産税に関する調査に係る質問検査権

　市町村の徴税吏員、固定資産評価員又は固定資産評価補助員は、固定資産税の賦課徴収に関する調査のために必要がある場合においては、次に掲げる者に質問し、又は第1号若しくは第2号の者の事業に関する帳簿書類（その作成又は保存に代えて電磁的記録（電子的方式、磁気的方式その他の人の知覚によっては認識することができない方式で作られる記録であって、電子計算機による情報処理の用に供されるものをいう。）の作成又は保存がされている場合における当該電磁的記録を含む。次条第1項第1号及び第2号、第396条第1項、第396条の2第1項第6号並びに第397条第1項第1号及び第2号において同じ。）その他の物件を検査し、若しくは当該物件（その写しを含む。）の提示若しくは提出を求めることができる。

一　納税義務者又は納税義務があると認められる者

二　前号に掲げる者に金銭又は物品を給付する義務があると認められる者

三　前2号に掲げる者以外の者で当該固定資産税の賦課徴収に関し直接関係があると認められる者

（中略）

6　第1項又は第4項の規定による市町村の徴税吏員、固定資産評価

員又は固定資産評価補助員の権限は、犯罪捜査のために認められた
ものと解釈してはならない。

第354条　固定資産税に係る検査拒否等に関する罪

次の各号のいずれかに該当する者は、1年以下の懲役又は50万
円以下の罰金に処する。

一　前条の規定による帳簿書類その他の物件の検査を拒み、妨げ、
又は忌避した者

二　前条第1項の規定による物件の提示又は提出の要求に対し、正
当な理由がなくこれに応ぜず、又は偽りの記載若しくは記録をし
た帳簿書類その他の物件（その写しを含む。）を提示し、若しくは
提出した者

三　前条の規定による徴税吏員、固定資産評価員又は固定資産評価
補助員の質問に対し答弁をしない者又は虚偽の答弁をした者

2　法人の代表者又は法人若しくは人の代理人、使用人その他の従業
者がその法人又は人の業務又は財産に関して前項の違反行為をした
場合においては、その行為者を罰する外、その法人又は人に対し、
同項の罰金刑を科する。

第354条の2　所得税又は法人税に関する書類の閲覧等

市町村長が固定資産税の賦課徴収について、政府に対し、固定資
産税の納税義務者で所得税若しくは法人税の納税義務があるものが
政府に提出した申告書若しくは修正申告書又は政府が当該納税義務
者の所得税若しくは法人税に係る課税標準若しくは税額についてし
た更正若しくは決定に関する書類を閲覧し、又は記録することを請

131

求した場合には、政府は、関係書類を市町村長又はその指定する職
員に閲覧させ、又は記録させるものとする。

③　過年度（5年）遡及課税

調査の結果、過去の申告が漏れていることが判明した場合には、資産
の取得年の翌年度からの遡及課税が行われます。

遡及課税は、原則として過去5年分とされていますが（地法17の5⑤）、
偽りその他不正の行為により税額を免れた場合は7年分遡及することが
できる旨の規定もあります（地法17の5⑦）。

税務署による法人税や所得税の調査は、通常3年度分とされる場合が
多く、調査の結果、修正申告や更正の必要があるときは、それが偽りそ
の他不正行為による場合を除き、原則としてその3年度が対象となりま
す。一方、償却資産の調査対象は、法人税の所得金額や個人の事業所得
といった一定期間（年間）のフローの金額ではなく、資産というストッ
ク（モノ）に対してのものであるため、調査対象となる年度は、直近の
申告書分のみであることが多いといえます。

しかし、直近の申告書分のみの調査であっても、申告漏れがあった場
合で、その資産の取得年月や減価償却の実態から5年以上前からその市
町村において事業の用に供していたことが明らかなときは、地方税法の
規定どおりに5年遡及して課税されることとなります。

よって、償却資産の調査による遡及課税リスクを抱えないためにも、
何らかの理由で自ら過去の申告誤り等を発見した場合は、調査を待たず
に速やかに修正の申告書を提出するといった対応が重要です。

地方税法

⑵　市町村調査の実態

①　未申告事業者に対する調査

　償却資産の申告が行われていない事業者に対して、申告書の提出を促すための調査が行われます。

　償却資産制度が適正公平に運用されるためには、未申告事業者に対する調査を徹底して課税対象となる資産を捕捉することが重要とされてい

ます。

　もし、特に調査もされずに、申告した事業者のみが申告どおりに課税され、未申告事業者に対しては特に調査もされないような制度では、事業者の税務コストのみの観点で考えたときに申告書の「出し損」になってしまうため、適正公平とはいえません。

　市町村においては、下記ア〜テの情報から事業者を把握して、未申告事業者に対する調査を行っています（「償却資産に関する調査研究」平成27年3月（資産評価システム研究センター）参照）。

　これらの情報をもとに把握した事業者に対して、1月末の申告期限とは別に提出期限を定めて申告書を送付し、提出期限までに申告がない場合は電話催告、訪問等により償却資産申告書の提出を促されますが、それでも申告がないような場合には、下記③税務署への閲覧等による調査に移行することも検討されます。

ア　外観調査

　　外構工事、駐車場の舗装路面や看板等の外観から把握できる償却資産について、償却資産申告書の提出がない場合には調査対象になります。

　　その場合は、土地や家屋の所有者を下記イの固定資産税賦課情報から調査して、その所有者が償却資産として申告しているかを確認します。所有者がその土地や家屋を他の者に賃貸している場合は、賃貸先の情報を聞き取りする等により償却資産を事業の用に供している者を特定して、調査が行われます。

　　なお、既に償却資産申告書を提出している事業者であっても、外観調査にて確認した資産が申告されていないと疑われる場合には、下記②の帳簿調査の対象となる可能性があります。

134

イ　固定資産税（土地、家屋）賦課情報

　　土地や家屋を所有する法人について、その土地や家屋に係る附属設備や構築物等、その事業所で使用する償却資産を保有している場合があるため、償却資産申告書の提出がない場合には、調査対象になる可能性があります。

　　また、個人であっても不動産賃貸業を行っていて、その家屋（共同住宅、オフィス）や駐車場を賃貸している場合は、外構工事や舗装路面、自転車置き場等を保有している可能性があるため、上記アの外観調査を含めて償却資産の調査対象になる可能性があります。

ウ　リース会社からの償却資産申告書

　　リース会社からの償却資産申告書の種類別明細書に使用者名が記載されている場合があります。使用者が個人の場合で事業用のリース資産を使用しているときや、使用者が法人の場合は、そのリース資産を使用して事業を行っていると考えられ、そのリース資産以外にもその事業所で使用する償却資産を保有している可能性があるため、償却資産申告書の提出がない場合は、調査対象になる可能性があります。

　　※　オペレーティングリースや所有権移転外リース取引に係るリース資産は、リース会社が償却資産を申告することとなります。

　　また、リース会社からの資料収集として、売買があったものとされるリース取引のうち所有権移転リースに係る取引先一覧を入手して、償却資産の調査対象とする手法も考えられます。

エ　テナント情報

　　店舗や事業所等のテナントが入居している家屋の所有者から入手したテナントのリストや事業所税の「事業所用家屋貸付等申告書」から

135

償却資産の調査対象を把握する手法が考えられます。

　また、その家屋について、テナントが内装等を施工する前提となるいわゆるスケルトン物件の場合は、テナントが内装等の特定附帯設備を保有している可能性が高く、償却資産の調査対象になる可能性があります。

オ　航空写真情報（土地、家屋）

　土地や家屋の評価のために使用している航空写真から比較的規模の大きい駐車場や太陽光発電等を把握して、償却資産の調査対象とする手法が考えられます。

カ　法人市町村民税申告書、法人設立届

　法人市町村民税の申告がある場合は、その法人の所在地で事業を行っていることが明らかなため、償却資産申告書の提出がない場合は、調査対象になる可能性があります。

　また、法人設立届からその法人の所在地で事業を開始したことが確認できるため、償却資産申告書の送付対象とされる場合があります。ただし、1月2日以降に設立した場合又は事業所をその市町村に設置した場合は、その年の1月1日現在は何も事業の用に供していませんので、償却資産申告書の提出はその翌年からとなります。

　なお、市町村においては、法人設立年の翌年1月に「該当資産なし」として償却資産申告書の提出があり、それ以降は行政事務コストの観点から「該当資産なし」の事業者に対して申告書を送付していない場合がありますが、当初から設備等を必要としない職種においては、事業が軌道に乗った数年後に設備投資等により資産を取得する場合があります。

よって、市町村においては、法人市町村民税の所得割が発生している（いわゆる黒字決算の）事業者や給与支払報告書（総括表）の報告人員の合計数から雇用が増加している事業者等を中心に定期的に申告書を送付するなどの対応が重要といえます。

キ　建築確認申請

　市又は都道府県（人口25万人未満の市町村）に提出された建築確認申請に記載された用途が「店舗」「事務所」「共同住宅」等の家屋について、償却資産の調査対象になる可能性があります。

ク　インターネットによる協同組合等の情報

　インターネットに各業種の協同組合会員名簿が掲載されている場合で、事業用資産を保有している可能性が高い業種であるにもかかわらず、償却資産の申告がない事業者について、調査対象になる可能性があります。

ケ　電話帳（タウンページ、ハローページ）

　電話帳やインターネットのｉタウンページに記載されている事業者のうち、事業用資産を保有している可能性が高い業種であるにもかかわらず、償却資産の申告がない事業者について、調査対象になる可能性があります。

コ　ハローワーク求人情報

　ハローワークインターネットサービスや紙ベースでの求人情報が出ている事業所のうち、事業用資産を保有している可能性が高い業種であるにもかかわらず、償却資産の申告がない事業者について、調査対

象になる可能性があります。

サ　新聞広告、地元経済情報誌

　　新聞広告による新店舗オープンの案内や地元経済情報誌の事業者情
　報、民間求人広告による求人情報が出ている事業所等の情報から、事
　業用資産を保有している可能性が高い業種であるにもかかわらず、償
　却資産の申告がない事業者について、調査対象になる可能性がありま
　す。

シ　自動車検査登録情報協会

　　一般財団法人自動車検査登録情報協会で閲覧した情報から償却資産
　の申告対象となる大型特殊自動車（「0」「9」ナンバー）の自動車の登
　録があるにもかかわらず、償却資産の申告がない事業者について、調
　査対象になる可能性があります。

　　ただし、大型特殊自動車であっても公道を走行しないことで自動車
　登録の必要がないものは、この方法では検索されません。

ス　入札参加者名簿

　　公共工事である建築工事、機械設備工事等の入札に参加している事
　業者のうち、事業用資産を保有している可能性が高い業種であるにも
　かかわらず、償却資産の申告がない事業者について、調査対象になる
　可能性があります。

セ　環境保全部署、下水道管理者への届出

　　工場等から公共用水域に水を排出するための設備の届出を行ってい
　る事業者や下水道管理者へ除害施設等の届出を行っている事業者につ

いて、償却資産の申告がない場合は、調査対象になる可能性があります。

ソ　医師、歯科医師名簿

　保健担当部署で保管している医師、歯科医師等の名簿のうち、償却資産の申告がない事業者について、調査対象になる可能性があります。

タ　水道開設届

　水道を引き込む際の開設届の使用用途が共同住宅用、医療用、クリーニング用、店舗用等の業務用となっている水道の使用者について、事業用資産を保有している可能性が高い業種であるにもかかわらず、償却資産の申告がない事業者について、調査対象になる可能性があります。

チ　消防関係申請届

　ガソリンスタンドの地下タンクや危険物、高圧ガスの製造設備等、消防署に許可申請を提出している事業者について、償却資産の申告がない場合は、調査対象になる可能性があります。

ツ　保健所の許可申請

　保健所に対する飲食業や美容・理容業、クリーニング業の許可申請を提出している事業者について、償却資産の申告がない場合は、調査対象になる可能性があります。

テ　太陽光発電設備

　「再生可能エネルギー発電事業計画の認定情報」の Web サイトから

発電事業者名、事業者の住所、発電設備区分、発電出力（Kw）、発電設備の所在地等を確認し、その事業者の償却資産の申告がない場合は、調査対象になる可能性があります。

② 帳簿調査（申告内容確認調査）

ア 帳簿調査の対象

　償却資産申告書の提出があった事業者に対して、申告内容が適切かどうかの帳簿調査が行われます。調査対象の選定は、市町村の判断によりますが、次のような選定方法が考えられます。

　　㈠　過去に1度も帳簿調査を実施していない事業者

　　㈡　過去に帳簿調査を実施しているが、5年以上帳簿調査を実施していない事業者

　　㈢　申告内容に疑義のある事業者

　申告内容に疑義のある事業者の例としては、上記①ア～テの情報から償却資産の取得、保有が見込まれるにもかかわらず、「該当資産なし」として申告している事業者や、複数年にわたって前年度申告内容から資産の「増減なし」として申告している事業者が考えられます。

　帳簿調査は、市町村職員が事業者を訪問して、現地で帳簿をチェックする実地調査のみではなく、事業者から必要な資料の写しの送付を受けて市町村庁舎内で行う机上調査の場合もあります。

　調査の結果、申告漏れや取得年月、取得価額、耐用年数の相違により追加課税が行われる場合は、修正の申告書の提出が必要です。調査の結果、還付となる場合も減額の賦課決定のため修正の申告書の提出が必要です。

　帳簿調査は、申告漏れの資産の捕捉のみを目的とするものではなく、事業者の償却資産制度の理解の促進のためにも行われます。また、過

大申告に対する確認調査として行われる場合もあります。例えば、償却資産申告書の記載内容を確認した際に、名称や耐用年数から明らかに申告対象外（家屋や車両など）と疑われる場合に、それらが償却資産の申告対象外であることを事業者に説明するとともに、他に申告漏れや申告誤りがないかをあわせて確認するため調査が行われます。

イ　法人への調査

　　法人に対する帳簿調査では、償却資産申告書と決算書の付属資料である固定資産台帳（法人によっては、「減価償却明細書」等の名称で作成している場合もあります。）との一品照合が中心に行われます。ただし、小規模の事業者で固定資産台帳が作成されていない場合は、法人税申告書別表 16 との一品照合が行われます。

　　また、下記(3)①のとおり、決算書及び法人税申告書の記載内容との整合性も確認されます。下記(3)③のとおり、法人税申告書別表 16 (7)が作成されている場合は、少額減価償却資産として処理している資産について、償却資産の申告があるかを確認されます。

　　法人に対する帳簿調査の具体的内容は、下記(3)を参照してください。

ウ　個人事業者への調査

　　個人事業者に対する帳簿調査は、所得税確定申告書のうち、図表 3 － 2 の所得の種類や申告区分に応じて各書類の「減価償却費の計算」に記載された内容との確認が行われます。

<図表３−２　所得税確定申告書の種類＞

所得の種類	申告区分	書類名称
事業所得	青色申告	青色申告決算書（一般用）
	白色申告	収支内訳書（一般用）
不動産所得	青色申告	青色申告決算書（不動産所得用）
	白色申告	収支内訳書（不動産所得用）

　所得税の青色申告、白色申告の違いは、第４章(4)③を参照してください。

　なお、複数の市町村で事業を行う個人事業者の場合は、確定申告書に記載されている資産のうち償却資産の申告対象のものを市町村ごとに申告しますので、ある市町村から償却資産の申告対象と見込まれる資産の申告がない理由について問われる可能性があります。その資産が他市町村に所在する場合は、その市町村の償却資産申告書控を提示して、所得税の確定申告書との整合性が取れていることを説明する必要があります。

<図表３−３　複数の市町村で事業を行う個人事業者＞

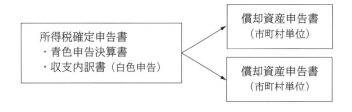

　また、青色申告決算書や収支内訳書の「地代家賃の内訳」から地代や家賃を支払っている借地や借家の所在地を把握して、駐車場の舗装路面等の構築物やテナントに係る附属設備等を調査する方法、不動産

所得に係る青色申告決算書や収支内訳書の「不動産所得の収入の内訳」から賃貸している不動産の所在地を把握して、償却資産の申告対象の設備等を調査する方法があります。

③　税務署への閲覧等による調査

　市町村は、税務署にて法人税申告書や所得税確定申告書の閲覧をすることができるため（地法354の2）、これらの書類を閲覧して、申告漏れの調査を行う場合もあります。

　また、令和2年4月から事業者が法人税の申告をe-Taxにより行い、財務書類を電子的に提出している場合には、国税と地方税の連携によりその資料がeLTAXを通じて市町村に送信されるため、市町村はeLTAXを活用して市町村庁舎内でそれらの資料を調査することができます（次頁＜法人税申告書等のデータ連携＞参照）。

　ただし、税務署に提出している法人税申告書、決算書、固定資産台帳や所得税確定申告書は、他市町村に所在する資産も記載されているため、その事業者が複数の市町村で事業を行っている場合、税務署資料のみで、その市町村に所在する償却資産の申告対象の特定が困難です。また、e-Taxにおいて固定資産台帳をイメージデータ等で送信していない場合や法人税申告書別表16の記載が資産種類の合計額のみとなっている場合も、税務署資料のみで償却資産の申告対象の特定が困難です。よって、法人税申告書から構築物、機械及び装置や工具、器具及び備品を一定程度保有していることが確認できるにも関わらずその資産種類の償却資産の申告がない場合等、償却資産の申告漏れの疑いがある資産種類の明細を確認するため、税務署調査を行った後に事業者を訪問して、上記②の帳簿調査が行われることが多いと考えられます。

＜法人税申告書等のデータ連携＞

○　令和2年4月以降、納税者がe-Taxによって法人税を申告する際に、申告書等（財務諸表等の添付資料を含む。）をe-Taxで提出している場合は、国税当局と地方団体のデータ連携により、これらの資料がeLTAXを通じて地方団体に送信されるようになっている。

➤　これまで税務署へ直接出向かなければ入手できなかった法人税申告書（添付書類含む。）がeLTAXを通じて確認できるようになり、固定資産税（償却資産）の申告や税務調査の場面において、容易に活用できるようになった。

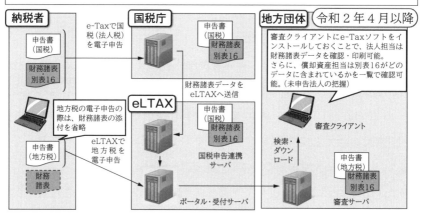

（「令和3年度固定資産税関係資料集Ⅰ—総括的資料編—」（資産評価システム研究センター）315頁より）

　　なお、法人税法施行令第63条第1項では、減価償却資産の償却費がある場合には、法人税申告書にその事業年度の償却限度額その他償却費の計算に関する明細書（固定資産台帳）を添付しなければならないと定めていますが、第2項では、明細書に記載された金額を資産種類ごと、償却方法の異なるごとに区分した合計額を記載した書類（法人税申告書別表16）を添付しているときは、固定資産台帳を社内に保存している場合に限り、明細書の添付を要しないものとすると定めています。

法人税法施行令

④　**家屋と償却資産の区分に係る調査**

　　固定資産税における家屋の評価は、市町村によって行われますが、その詳細を事業者が把握することは困難であるため、家屋評価の対象とされなかった附属設備等が償却資産に該当するという認識がなく、結果として償却資産の申告漏れが生じることがあります。

　　東京都では、床面積 1000m² を超える事業用家屋が新築、増築された際に、その家屋と償却資産の区分に係る調査を「初期調査」と位置づけ、初期調査により捕捉した償却資産について、事前の申告指導を行っています（「税務通信平成 28 年 10 月 10 日付 3428 号」（税務研究会）参照）。

145

また、横浜市でも「大規模家屋調査」として 1,000m² 以上の新増築事業用家屋について同様の取り組みを行っています（「資産評価情報 2016 年 1 月号別冊」（資産評価システム研究センター）参照）。

　上記②の帳簿調査において、固定資産台帳上は「建物」や「電気設備一式」等として、その内容に家屋と償却資産の両方が含まれている場合には、その建物又は設備の工事請負契約書、工事見積書等を確認して、償却資産の申告対象を特定するとともに、その取得価額を区分して計算する必要があります。

⑤　**県や複数の市町村の連携による調査**

　償却資産は市町村ごとの申告ですが、複数の市町村で事業を行っている事業者に対して、市町村ごとに調査をするのは調査効率が悪く、かつ、事業者にとっても調査対応の負担になることや、調査により指摘があった市町村のみ修正の申告書が提出され、他の市町村は修正されないことがあるため、県や複数の市町村が連携する取り組みも始まっています。

　例えば、福岡県で県と市が連携した調査や奈良県の各市で情報共有の会議等を実施しています（「資産評価情報 2020 年 5 月号、2016 年 3 月号、2016 年 1 月号、2014 年 1 月号」（資産評価システム研究センター）参照）。

　また、東京都においても特別区の複数の区で事業を行っている事業者や大規模な法人に対しては、各都税事務所がそれぞれ調査するのではなく、主となる事務所が所在する都税事務所や東京都主税局（本庁）にてまとめて調査をしています。

⑥　**国税 OB による調査及び市町村職員の育成**

　市町村ではジョブローテーションの中で人事異動が多く、全く違う分野から税務分野に異動してくるケースも多いため、調査に慣れていない

職員が多いのが実態です。

そこで、一部の市町村では、国税の OB 職員を任期付職員として採用して、償却資産の調査の充実化とあわせて市町村職員の育成を進める取り組みが始まっています（「資産評価情報 2020 年 11 月号、2020 年 5 月号」（資産評価システム研究センター）参照）。

(3)　法人への帳簿調査の具体的内容

①　決算書と固定資産台帳の整合性

市町村調査の際には、固定資産台帳のみではなく、決算書（貸借対照表、損益計算書、注記表）の提出を求められる場合があります。

市町村が調査資料として固定資産台帳の提出を求めた際に償却資産申告書の内容にあわせて出力されたものが提出される可能性があるため、その固定資産台帳がその法人の全ての固定資産を網羅したものであることの確認資料として決算書の確認が行われます。

また、複数の市町村で事業を行っている法人の場合、市町村から調査資料として、その市町村所在の償却資産のみを抽出した固定資産台帳の提出を求められることがありますが、その法人の全ての固定資産を確認しない調査では、申告漏れの有無を把握するには不十分といえます。

その固定資産台帳がその法人の全ての固定資産を網羅したものであることの確認方法として、貸借対照表上の有形固定資産の科目（資産種類）ごとの金額や損益計算書の減価償却費の金額と、固定資産台帳の資産種類ごとの金額や減価償却費の総額との整合性の確認が行われます。あわせて別表 16 (1)(2)に記載されている減価償却資産の資産種類ごとの合計額と固定資産台帳の整合性を確認される場合もあります。

注記表は、消費税の会計処理方法（税抜方式又は税込方式）等を確認す

る際に用いられます（第1章(1)③ Q1-10 参照）。

<図表3－4　決算書と固定資産台帳の整合性の調査>

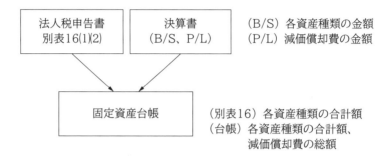

② 固定資産台帳と償却資産申告書の一品照合

ア　調査内容

　　償却資産の帳簿調査のメインとして、固定資産台帳と償却資産申告
書の一品照合による償却資産の申告漏れの確認と取得年月、取得価額、
耐用年数（評価の3要素）に相違がないかの確認が行われます。

<図表3－5　固定資産台帳との一品照合>

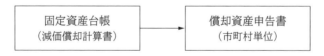

　　その法人において、固定資産台帳を作成せずに、法人税申告書別表
16で個別に減価償却費を計算している場合は、法人税申告書別表16
(1)(2)と償却資産申告書との一品照合が行われます。

　　ただし、複数の市町村で事業を行っている法人の場合は、固定資産
台帳に記載があるものの、その所在地が他市町村のため、償却資産の
申告がないことも考えられます。その資産の所在地を確認するために、

その所在地の市町村に対する償却資産申告書の控の確認や固定資産台帳上の管理部署・支店等の記載の確認が行われます。固定資産台帳上、コードにて管理している場合は、そのコード表の確認もあわせて行われます。

　一品照合の結果、固定資産台帳に記載があるものの、償却資産の申告がない資産として、固定資産税の家屋評価の対象の建物及び附属設備や自動車税・軽自動車税の課税客体の車両及び運搬具、無形固定資産等の償却資産申告対象外のもの、12月決算でない法人でその年の1月2日以降に取得したものなどがあります。これらのように、申告がないことが適切な場合も当然にありますが、そういった理由がなく償却資産の申告漏れである場合は、修正の申告書を提出して、追加課税を受ける必要があります。

　また、申告漏れが生じた際には、今後の適切な申告のために、制度の理解不足によるものか、固定資産登録時の人為的なミスによるものかなどの申告漏れが生じた原因を把握し、事務フローに改善すべき点がないか対策を検討することが重要です。

イ　大企業やリース会社への調査

　資産件数が数百件以上あるような規模の大きい法人や全国各地に償却資産の申告をしているようなリース会社に対しては、印刷した固定資産台帳との一品照合の調査は現実的ではないため、以下のような調査が想定されます。

　㈎　償却資産申告対象とする判断基準の聴取
　㈑　償却資産申告書作成のフローの聴取による申告漏れが生じるリスクの調査
　㈒　償却資産申告書作成に係るシステムの要件調査

149

㈇　償却資産申告台帳（全国版）と固定資産台帳の Excel データに
　　よる一品照合

㈈　償却資産申告対象外とした資産の一覧表の調査

㈉　固定資産台帳に計上されている資産のうち、金額基準や地域基
　　準等によるサンプリング調査

㈊　家屋との区分等の判断の必要がある附属設備等に係る固定資産
　　台帳の調査

㈋　下記④の法人税の償却超過額に係る調査

　特に上場企業など大企業においては、コンプライアンスの観点から
意図的に償却資産の申告をしないということは考えにくいため、償却
資産申告対象か否かの判断についての担当者の理解の確認や、申告漏
れが生じにくいチェック体制が整っているかの調査、Excel を活用し
たデータベースでの一品照合、申告誤りが生じやすい点や税額への影
響が大きい資産に関するサンプリング調査が中心となるものと考えら
れます。

　大企業において、申告誤りが生じやすい点としては、次の内容が考
えられます。

㈠　自社ビル等の家屋と償却資産の区分に係る申告誤り

㈡　工場内のフォークリフト等の大型特殊自動車の申告漏れ

㈢　福利厚生施設等の本社で管理している資産について、資産所在
　　地の市町村ではなく、本社の所在する市町村にて申告されている
　　等、申告先の誤り

㈣　耐用年数省令と異なる会計上の耐用年数で申告されている等、
　　償却超過額に係る申告誤り

③ 法人税申告書別表 16 ⑺に記載された少額減価償却資産の調査

　少額減価償却資産は、その事業年度において費用処理され、固定資産台帳に記載されていないことがあるため、法人税申告書別表 16 ⑺の確認が行われます。また、その取得価額が損金に算入された事業年度の法人税申告書別表 16 ⑺にのみ記載されるため、市町村調査においては、過去 5 年度分程度の別表 16 ⑺を確認する場合があります。

　なお、6 年以上前に少額減価償却資産として処理された資産についても、直近の 1 月 1 日現在も除却せずに事業の用に供している場合は、償却資産の申告対象となりますが、その場合でも遡及課税できるのは過去 5 年分となります。

<図表 3 − 6　別表 16 ⑺の調査>

※　別表16⑺には耐用年数の記載がないため、耐用年数が耐用年数省令
　　に合致しているか、別途確認されます。

　複数の市町村で事業を行っている法人の場合は、別表 16 ⑺は全社分として作成されるため、別表 16 ⑺に記載があるものの、その所在地が他市町村のため、償却資産の申告がないことも考えられます。

　その資産の所在地を確認するために、その所在地の市町村に対する償却資産申告書の控の確認や少額減価償却資産の管理台帳等の確認が行われます。

④ 法人税の償却超過額、簿外資産の調査

　償却資産の申告が漏れやすい資産として、固定資産台帳に計上されず

に簿外資産となるようなイレギュラーな処理が行われたものがあります。

地方税法第341条第4号の償却資産の定義における「その減価償却費が法人税法の規定による所得の計算上損金に算入されるもの」とは、現実に所得の計算上損金に算入されていることは要せず、その資産の性質上損金に算入されるべきものであれば足りるとされていますので、決算上、固定資産として計上されておらず減価償却の対象となっていない簿外資産であっても、事業の用に供し得るものについては、償却資産の申告対象になります（総務省取扱通知第3章第1節第1五、六）。

例えば、法人の経理上は消耗品費等の勘定科目で取得価額の全額を費用処理した資産について、税務署の調査にて固定資産に計上して減価償却すべきと指摘を受けた場合等があります。

このような場合で、減価償却相当額を超えて費用処理した金額は「減価償却超過額」として損金から否認されますが、法人税申告書上は別表16を経由して別表4に記載されます。別表4にて損金否認した償却超過額は、別表5(1)にて残額が管理されます（第4章(3)参照）。

帳簿調査において、減価償却超過額を糸口として固定資産台帳に計上されていない簿外資産の有無が確認されますが、減価償却超過額が発生した事業年度の法人税申告書をタイミング良く調査できるとは限らないため、別表4のみではなく、別表5(1)もあわせて確認し、過去の減価償却超過額の発生状況の確認も行われます。

もし、別表5(1)にて過去の減価償却超過額が確認された場合には、その詳細を調査する必要があるため、減価償却超過額が発生した事業年度の別表4、別表5(1)、別表16に遡る必要があります。もし、減価償却超過額が税務署の調査による指摘の場合で、その調査の結果、修正申告書の提出ではなく、税務署による更正が行われたときは、税務署から送付された「更正の理由書」の確認も行われます。

なお、減価償却超過額が発生したとしても、固定資産税の家屋評価の対象の建物及び附属設備や自動車税・軽自動車税の課税客体の車両及び運搬具、無形固定資産等に係るものである場合は、当然に償却資産の申告対象にはなりません。

⑤　その他法人税申告書の記載事項の調査

　上記以外にも法人税申告書の各別表やその添付書類である勘定科目内訳明細書から図表3-7、3-8の内容の調査が行われます。

<図表 3-7　法人税申告書別表の調査>

別表	書類の名称	調査内容
別表 1 (1)	各事業年度の所得に係る申告書	その法人の住所、その事業年度の所得の状況と代表者、関与税理士等の情報を把握する
別表 2	同族会社等の判定に関する明細書	法人の主要株主の状況を把握する（参考程度）
別表 4	所得の金額の計算に関する明細書	上記④のとおり
別表 5 (1)	利益積立金額及び資本金等の額の計算に関する明細書	上記④のとおり
別表 6 (8)〜(12)	（試験研究費関係）	試験研究費に係る法人税額の特別控除の適用を受けている場合に、開発研究用減価償却資産の有無を確認する
別表 6 (13)〜	（法人税額の特別控除関係）	中小企業投資促進税制等の資産の取得に係る法人税額の特別控除の適用を受けている場合に、対象資産を確認する
別表 13〜	（圧縮記帳関係）	圧縮記帳をした資産の圧縮前の取得価額を確認する
別表 16 (1)	旧定額法又は定額法による減価償却資産の償却額の計算に関する明細書	上記②、④のとおり
別表 16 (2)	旧定率法又は定率法による減価償却資産の償却額の計算に関する明細書	上記②、④のとおり
別表 16 (4)	旧国外リース期間定額法若しくは旧リース期間定額法又はリース期間定額法による償却額の計算に関する明細書	所有権移転外ファイナンスリース取引によるリース資産の概況を把握する（原則としてリース会社の申告となるため、参考程度）
別表 16 (6)	繰延資産の償却額の計算に関する明細書	繰延資産は、原則として償却資産の申告対象外だが、有形固定資産が誤って繰延資産として処理されている場合がある
別表 16 (7)	少額減価償却資産の取得価額の損金算入の特例に関する明細書	上記③のとおり
別表 16 (8)	一括償却資産の損金算入に関する明細書	取得価額 10 万円以上 20 万円未満の資産について償却資産の申告がない場合に、一括償却資産として処理されているか確認する

＜図表３−８　法人税申告書添付書類の調査＞

書類の名称	調査内容
特別償却の付表(1)〜（特別償却関係）	特別償却をした資産の内容を確認する（償却資産の課税標準の特例の対象となる場合がある）
適用額明細書	少額減価償却資産等の租税特別措置法の適用状況を把握する
法人事業概況書（税務署所管法人）	支店・店舗数等を確認する「主な設備等の状況」が記載されている場合に確認する
会社事業概況書（国税局調査課所管法人）	支店等（工場、店舗、営業所、その他）の状況を確認する法人としてのシステムの利用状況を確認する
決算報告書	上記①のとおり
固定資産台帳	上記②のとおり
【勘定科目内訳明細書】	
固定資産（土地、土地の上に存する権利及び建物に限る。）の内訳書	所有している土地、建物の所在地や広さ等を把握する（付随する償却資産の申告対象の構築物や設備等の関係）
売上高等の事業所別内訳書	事業所の所在地を把握する
地代家賃等の内訳書	地代や家賃を支払っている借地や借家の所在地を把握する（テナントに係る附属設備等の関係）
雑益、雑損失等の内訳書	固定資産売却益、固定資産売却損、固定資産除却損等の記載がある場合に、内容を確認する

⑷ 前年度申告内容との整合性

　償却資産申告書（第26号様式）に記載されている「前年前に取得したもの」の金額が前年度の申告額と合致していない場合は、前年度の申告に誤りがある可能性があります。

　また、償却資産申告書（第26号様式）に記載されている「前年前に取得したもの」の金額が前年度の申告額と合致していた場合でも、種類別明細書（第26号様式別表1）に記載された増加資産の取得年月が過年度の場合は、前年度以前の申告漏れの可能性があります。

　横浜市においては、毎年5〜6月に「申告書の総めくり」としてその年に申告された全ての申告書の過年度チェックを行い、前年度以前の申告対象資産の捕捉を行っています（「資産評価情報2016年1月号別冊」（資産評価システム研究センター）参照）。

＜図表3-9　前年度申告書との整合性＞

令和　2　年度　償却資産申告書（償却資産課税台帳）

付印　令和　2　年　1　月　31　日

東京都千代田都税事務所長　　　殿

※

所有者			
1 住所 （ふりがな）	とうきょうとちよだく×× 東京都千代田区×× （電話 03-0000-0000）	3 個人番号又は法人番号	
		4 事業種目 （資本金等の額）	製造業 （ 20 ） 百万
2 氏名 （ふりがな） （法人にあってはその名称及び代表者の氏名）	かぶしきがいしゃしょうきゃくこうじょう 株式会社償却工場 しながわ たろう 品川　太郎　　（印） （屋号）	5 事業開始年月	平成　9　年　1　月
		6 この申告に応答する者の係及び氏名	総務部長 償却　花子 （電話 03-0000-0000）
		7 税理士等の氏名	税理士 大場　智 （電話 03-0000-0000）

資産の種類	取　　　　得　　　　価　　　　額			
	前々前に取得したもの（イ）	前年中に減少したもの（ロ）	前年中に取得したもの（ハ）	計((イ)-(ロ)+(ハ))（ニ）
1 構築物	1851410		300000	2151410
2 機械及び装置	3500000			3500000
3 船舶				
4 航空機				
5 車両及び運搬具				
6 工具、器具及び備品	500000	150000	180000	530000
7 合計	5851410	150000	480000	6181410

資産の種類	評価額	決定価格	課税標準額

15 市(区)におけ～

16 借用（有・

17 事業所

18 備考

令和　3　年度　償却資産申告書（償却資産課税台帳）

付印　令和　3　年　1　月　31　日

東京都千代田都税事務所長　　　殿

※

所有者			
1 住所 （ふりがな）	とうきょうとちよだく×× 東京都千代田区×× （電話 03-0000-0000）	3 個人番号又は法人番号	
		4 事業種目 （資本金等の額）	製造業 （ 20 ） 百万
2 氏名 （ふりがな） （法人にあってはその名称及び代表者の氏名）	かぶしきがいしゃしょうきゃくこうじょう 株式会社償却工場 しながわ たろう 品川　太郎　　（印） （屋号）	5 事業開始年月	平成　9　年　1　月
		6 この申告に応答する者の係及び氏名	総務部長 償却　花子 （電話 03-0000-0000）
		7 税理士等の氏名	税理士 大場　智 （電話 03-0000-0000）

資産の種類	取　　　　得　　　　価　　　　額			
	前々前に取得したもの（イ）	前年中に減少したもの（ロ）	前年中に取得したもの（ハ）	計((イ)-(ロ)+(ハ))（ニ）
1 構築物	2151410			2151410
2 機械及び装置	3500000			3500000
3 船舶				
4 航空機				
5 車両及び運搬具				
6 工具、器具及び備品	530000	350000	2458800	2638800
7 合計	6181410	350000	2458800	8290210

資産の種類	評価額	決定価格	課税標準額

15 市(区)におけ～

16 借用（有・

17 事業所

18 備考

前年度（令和2年度）の資産種類ごとの金額が当年度（令和3年度）の「前年前に取得したもの」の金額と一致している必要があります。

157

第4章
償却資産の理解に必要な簿記、税務会計の基礎知識

　国税庁の税務大学校講本の「税法入門」において、租税法の学習をする場合は、以下の三面から学習を進めるべきと記載されています（令和3年度版「税法入門」（税務大学校著）はしがき）。

・財政経済的な側面からの学習

・法律的な側面からの学習

・簿記会計的な側面からの学習

　市町村における地方税の実務においても、財政経済的側面としての地方税制度や法律的な側面としての地方税法の理解は当然に必要ですが、法人税や所得税の規定に準拠することが多い償却資産の実務においては、簿記会計的な側面、いわゆる企業会計における複式簿記の基礎及び税務会計の考え方についても理解を深める必要があります。

　また、事業者にとっても、企業会計と税務会計の違いを理解し、法人税の税務調整がどのように償却資産の申告に影響するかについて理解することは、市町村調査に対して的確に対応するためにも重要です。

(1)　複式簿記の基礎と帳簿書類の概要

①　複式簿記の概要

　簿記とは、日々の取引を帳簿に記入をして、貸借対照表や損益計算書等の決算書を作成するまでの一連の作業及びルールをいいます。

159

複式簿記とは、取引を複数の勘定科目で記入する方法をいいます。複式簿記においては、借方（左側）と貸方（右側）に分けて記帳（帳簿に記入）していきます。これを仕訳といいます。

　例えば、工具、器具及び備品であるパソコンを現金20万円で購入したときは、次の仕訳となります。

（借方）工具器具備品　200,000円　　（貸方）現金　200,000円

　この工具器具備品や現金といった取引内容を示す名称を「勘定科目」といいます。

　複式簿記では、各勘定科目が「資産」「負債」「純資産」「収益」「費用」の5グループに分けられます。それらグループが貸借対照表と損益計算書の構成要素となります。

<図表4-1　貸借対照表、損益計算書の構成>

貸借対照表	
（借方）	（貸方）
資産	負債
	純資産

損益計算書	
（借方）	（貸方）
費用	収益

　仕訳によりそれぞれ5グループの項目が図表4-2の8パターンの変動内容に区分されます。

No.	変動内容	仕訳	仕訳例	仕訳内容
1	資産の増加	借方：資産	（借方） 工具器具備品 20 万円	工具器具備品を 20 万円で購入した
2	資産の減少	貸方：資産	（貸方）現金 20 万円	現金を 20 万円支払った
3	負債の増加	貸方：負債	（貸方）借入金 30 万円	借入金が 30 万円増加した
4	負債の減少	借方：負債	（借方）借入金 5 万円	借入金を 5 万円返済した
5	純資産の増加	貸方：純資産	（貸方）資本金 100 万円	出資により、資本金が 100 万円増加した
6	純資産の減少	借方：純資産	（借方） 繰越利益剰余金 50 万円	配当の支払いにより、繰越利益剰余金が 50 万円減少した
7	収益の発生	貸方：収益	（貸方）売上高 40 万円	売上高が 40 万円発生した
8	費用の発生	借方：費用	（借方）消耗品費 8 万円	消耗品費を 8 万円支払った

　この 8 パターンの変動内容を、仕訳にて記入すると図表 4-3 のとおりです。

＜図表4-3　複式簿記の仕訳（例）＞

No.	借方	借方金額	貸方	貸方金額	具体的な内容
1,2	工具器具備品	200,000	現金	200,000	借方（資産の増加） 　工具器具備品を20万円で購入した 貸方（資産の減少） 　現金を20万円支払った
1,3	普通預金	300,000	借入金	300,000	借方（資産の増加） 　普通預金が30万円増加した 貸方（負債の増加） 　借入金が30万円増加した
2,4	借入金	50,000	普通預金	50,000	借方（負債の減少） 　借入金を5万円返済した 貸方（資産の減少） 　普通預金が5万円減少した
1,5	普通預金	1,000,000	資本金	1,000,000	借方（資産の増加） 　普通預金が100万円増加した 貸方（純資産の増加） 　出資により、資本金が100万円増加した
2,6	繰越利益剰余金	500,000	普通預金	500,000	借方（純資産の減少） 　配当の支払いにより、繰越利益剰余金が50万円減少した 貸方（資産の減少） 　普通預金が50万円減少した
1,7	現金	400,000	売上高	400,000	借方（資産の増加） 　現金が40万円増加した 貸方（収益の増加） 　売上高が40万円発生した
2,8	消耗品費	80,000	現金	80,000	借方（費用の増加） 　消耗品費を8万円支払った 貸方（資産の減少） 　現金を8万円支払った

※　No.は図表4-2の変動内容に対応しています。

② 貸借対照表、損益計算書の概要

ア　貸借対照表

　貸借対照表（B/S）とは、法人の財政状態を明らかにするため、決算時点での資金の調達源泉（負債及び純資産）とその運用形態（資産）を数字でまとめた財務諸表をいいます。

　負債は他人資本ともいい、借入金など他人から調達した資金を表しています。純資産は自己資本ともいい、株主からの出資にて調達した資金とこれまでの利益の蓄積（内部留保）を表しています。

　なお、純資産は、資産から負債を引いた差額の概念ですので、資産にも負債にも該当しない例外的なもの（新株予約権等）も含まれています。

<＜図表4－4　貸借対照表の構成＞>

※　借方と貸方は必ず一致します。

イ　損益計算書

　損益計算書（P/L）とは、法人の損益（儲け）を明らかにするため、ある一定期間（事業年度、決算期）の法人の活動（損益の状況）を数字でまとめた財務諸表をいいます。売上高から売上原価、販売費及び一般管理費等を差し引いて、これに営業外損益や特別損益を加味して当期純利益を計算します。

原則として、販売費及び一般管理費に「減価償却費」が含まれます。製造業や建設業等の一定の業種や、その他の業種でも会社の会計方針によっては、売上原価（製造原価、完成工事原価等）にも減価償却費が含まれる場合があります。

また、貸借対照表と損益計算書の計算対象期間（時点）の考え方は、図表4−5のとおりです。

<図表4−5　貸借対照表と損益計算書の対象期間>

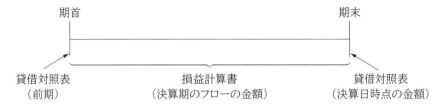

期首		期末
貸借対照表 （前期）	損益計算書 （決算期のフローの金額）	貸借対照表 （決算日時点の金額）

ウ　貸借対照表と損益計算書の連動

損益計算書の収益から費用を引いた金額が利益（マイナスの場合は損失）となります。

損益計算書の当期純利益は、図表4−6のとおり貸借対照表の純資産に反映されます。

<図表4−6　貸借対照表、損益計算書の連動>

貸借対照表
（借方）　　　　　　　　（貸方）

資産	負債
	純資産
	（当期純利益）◀

損益計算書
（借方）　　　　　　　　（貸方）

費用	収益
当期純利益	

エ　仕訳から貸借対照表、損益計算書を作成した例

前期末の貸借対照表においては、図表4−7のとおり、借方（資産）に現金50万円、普通預金450万円、貸方（純資産）に資本金100万円、繰越利益剰余金400万円のみが計上されていたものとし、図表4−8の仕訳によって貸借対照表、損益計算書を作成したとすると、図表4−9、4−10のとおりです。

<図表 4-7　前期貸借対照表（例）>

(資産)		(純資産)	
現金	500,000	資本金	1,000,000
普通預金	4,500,000	繰越利益剰余金	4,000,000
(総資産)	5,000,000	(負債＋純資産)	5,000,000

<図表 4-8　複式簿記の仕訳（例）>

No.	借方	借方金額	貸方	貸方金額	具体的な内容
1	工具器具備品	200,000	現金	200,000	借方（資産の増加） 　工具器具備品を20万円で購入した 貸方（資産の減少） 　現金を20万円支払った
2	普通預金	300,000	借入金	300,000	借方（資産の増加） 　普通預金が30万円増加した 貸方（負債の増加） 　借入金が30万円増加した
3	借入金	50,000	普通預金	50,000	借方（負債の減少） 　借入金を5万円返済した 貸方（資産の減少） 　普通預金が5万円減少した
4	普通預金	1,000,000	資本金	1,000,000	借方（資産の増加） 　普通預金が100万円増加した 貸方（純資産の増加） 　出資により、資本金が100万円増加した
5	現金	400,000	売上高	400,000	借方（資産の増加） 　現金が40万円増加した 貸方（収益の増加） 　売上高が40万円発生した
6	消耗品費	80,000	現金	80,000	借方（費用の増加） 　消耗品費を8万円支払った 貸方（資産の減少） 　現金を8万円支払った
7	減価償却費	40,000	工具器具備品	40,000	借方（費用の増加） 　減価償却費が4万円発生した 貸方（資産の減少） 　工具器具備品の帳簿価額が4万円減少した
8	法人税、住民税及び事業税	130,000	未払法人税等	130,000	借方（費用の増加） 　法人税、住民税及び事業税が13万円発生した 貸方（負債の増加） 　未払法人税等が13万円発生した。

＜図表4−9　当期貸借対照表（例）＞

（資産）		（負債）	
現金	620,000	未払法人税等	130,000
普通預金	5,750,000	借入金	250,000
工具器具備品	160,000	（純資産）	
		資本金	2,000,000
		繰越利益剰余金	4,150,000
（総資産）	6,530,000	（負債＋純資産）	6,530,000

＜図表4−10　当期損益計算書（例）＞

（費用）		（収益）	
消耗品費	80,000	売上高	400,000
減価償却費	40,000		
法人税、住民税及び事業税	130,000		
（利益）			
当期純利益	150,000		

※　一般的な損益計算書のフォーマットでは次のとおりです。

【売上高】	
売上高	400,000
【売上原価】	
売上原価	0
売上総利益	400,000
【販売費及び一般管理費】	
消耗品費	80,000
減価償却費	40,000
販売費及び一般管理費合計	120,000
営業利益	280,000
経常利益	280,000
税引前当期純利益	280,000
法人税、住民税及び事業税	130,000
税引後当期純利益	150,000

③　総勘定元帳、仕訳帳

　総勘定元帳は、全ての取引を勘定科目ごとに記録する帳簿をいいます。また、仕訳帳（仕訳日記帳）は、全ての取引を借方及び貸方に仕訳し、日付順に記録する帳簿をいいます（法規54、所規58）。

　総勘定元帳は、日付、相手勘定科目、金額、消費税区分（コード）、摘要（支払先、内容等）、残高等が記載されますので、税務署の調査の際にも調査資料として活用されます。

　また、法人税法では、青色申告の要件として総勘定元帳と仕訳帳の作成が必要とされており（法規54）、所得税法でも、青色申告特別控除（55万円又は65万円）を受ける際に総勘定元帳と仕訳帳の記帳が必要とされています（下記(4)③参照）。

法人税法施行規則

第54条　取引に関する帳簿及び記載事項

　青色申告法人は、全ての取引を借方及び貸方に仕訳する帳簿（次条において「仕訳帳」という。）、全ての取引を勘定科目の種類別に分類して整理計算する帳簿（次条において「総勘定元帳」という。）その他必要な帳簿を備え、別表20に定めるところにより、取引に関する事項を記載しなければならない。

---

(2)　企業会計（決算書）と税務会計（法人税申告書）の違い

①　企業会計

　企業会計とは、企業（主に営利企業）に適用され、複式簿記を用いて事業活動の結果について数字で説明した決算書を外部に提供する一連の手

168

続き（会計処理）をいい、法人の資産や負債などの財産状態と売上や利益などの経営成績を正しく認識し、法人の正味財産である純資産や株主への配当可能利益などを計算します。

　企業会計の報告対象は、株主や債権者（金融機関）などの利害関係者であり、株主（投資家）、債権者保護を目的としています。よって、利益の過大計上（粉飾決算など）を認めない立場にて設計されています。

②　税務会計

　税務会計とは、法人税及び地方税（法人事業税、法人道府県民税、法人市町村民税）の課税対象となる所得の金額を計算するための一連の手続き（会計処理）をいいます。

　税務会計の報告対象は、税務署、都道府県税事務所、市町村であり、課税の公平を目的としています。よって、企業会計とは逆に所得の過少申告（申告漏れ、所得隠し）を認めない立場にて規定されています。

③　企業会計上の利益と法人税の所得の違い

　企業会計上の利益は、収益から費用を引いた金額ですが、法人税の各事業年度の所得の金額は、その事業年度の益金の額から損金の額を控除した金額とされています（法法22①）。

<図表4−11　利益と所得の違い>

また、益金の額は、法人税の別段の定めがあるものを除き、その事業

年度の収益の額とされています（法法22②）。損金の額は、法人税の別段の定めがあるものを除き、その事業年度の原価・費用・損失の額とされています（法法22③）。

　そして、その収益及び原価・費用・損失の額は、一般に公正妥当と認められる会計処理の基準（企業会計）に従って計算されるものとされています（法法22④）。

　このように、法人税の所得の金額の計算（税務会計）は、企業会計の決算書を前提に計算する仕組みとなっており、具体的には企業会計上の当期純利益に対して、法人税申告書で加算、減算の税務調整をして算定されます。

　そのため、法人税の申告書には、決算書の添付義務があります（法法74③）。

法人税法

第22条
　内国法人の各事業年度の所得の金額は、当該事業年度の益金の額から当該事業年度の損金の額を控除した金額とする。
2　内国法人の各事業年度の所得の金額の計算上当該事業年度の益金の額に算入すべき金額は、別段の定めがあるものを除き、資産の販売、有償又は無償による資産の譲渡又は役務の提供、無償による資産の譲受けその他の取引で資本等取引以外のものに係る当該事業年度の収益の額とする。
3　内国法人の各事業年度の所得の金額の計算上当該事業年度の損金の額に算入すべき金額は、別段の定めがあるものを除き、次に掲げる額とする。

一　当該事業年度の収益に係る売上原価、完成工事原価その他これ
　　らに準ずる原価の額

二　前号に掲げるもののほか、当該事業年度の販売費、一般管理費
　　その他の費用（償却費以外の費用で当該事業年度終了の日までに債
　　務の確定しないものを除く。）の額

三　当該事業年度の損失の額で資本等取引以外の取引に係るもの

4　第2項に規定する当該事業年度の収益の額及び前項各号に掲げる
　額は、別段の定めがあるものを除き、一般に公正妥当と認められる
　会計処理の基準に従って計算されるものとする。

（以下、略）

第74条　確定申告

　　内国法人は、各事業年度終了の日の翌日から2月以内に、税務署
　長に対し、確定した決算に基づき次に掲げる事項を記載した申告書
　を提出しなければならない。

一　当該事業年度の課税標準である所得の金額又は欠損金額

二　前号に掲げる所得の金額につき前節（税額の計算）の規定を適
　　用して計算した法人税の額

三　第68条及び第69条（所得税額等の控除）の規定による控除を
　　されるべき金額で前号に掲げる法人税の額の計算上控除しきれな
　　かったものがある場合には、その控除しきれなかった金額

（中略）

3　第1項の規定による申告書には、当該事業年度の貸借対照表、損
　益計算書その他の財務省令で定める書類を添付しなければならない。

④ 減価償却費の概要

　企業会計と税務会計のルールが重なる部分のうち、償却資産に特に関係する内容として減価償却費があります。

　減価償却とは、時間の経過や使用によって生じる固定資産の価値の減少分をその資産の耐用年数（使用可能期間）に応じて費用計上する会計処理をいいます。固定資産の取得価額を適正な期間で費用按分することは、企業会計の費用収益対応の原則からも重要です。

　減価償却費は、その資産の取得後、原則として毎期計上されますが、これは既に支払ったものの償却であり、金銭の支出を伴う費用ではないため、法人の意思決定により計上されます。

　法人税法では、償却方法（定率法、定額法など）を定めるとともに、耐用年数省令にて資産の細目ごとの耐用年数を規定し、法定の範囲内で減価償却費の損金算入を認めています（法法31）。企業会計も税務会計（法人税法）のルールに従って、減価償却を行うことが一般的といえます。

　また、法人税法では、企業会計の確定した決算で償却費として経理した金額の範囲内で損金算入を認めています。もし、減価償却費を損金にしなかったとしても法人税の所得が減少しないため、減価償却費の計上は強制されません。そのため、法人の任意償却が認められています。

法人税法

第31条　減価償却資産の償却費の計算及びその償却の方法
　内国法人の各事業年度終了の時において有する減価償却資産につきその償却費として第22条第3項（各事業年度の損金の額に算入する金額）の規定により当該事業年度の所得の金額の計算上損金の額に算入する金額は、その内国法人が当該事業年度においてその償却費として

損金経理をした金額（以下この条において「損金経理額」という。）のうち、その取得をした日及びその種類の区分に応じ、償却費が毎年同一となる償却の方法、償却費が毎年一定の割合で逓減する償却の方法その他の政令で定める償却の方法の中からその内国法人が当該資産について選定した償却の方法（償却の方法を選定しなかった場合には、償却の方法のうち政令で定める方法）に基づき政令で定めるところにより計算した金額（次項において「償却限度額」という。）に達するまでの金額とする。

（以下、略）

(3) 法人税における税務調整

① 税務調整の概要

　企業会計と税務会計のルールが異なる部分として、法人税の別段の定めがあり、その別段の定めに応じて、決算書上の当期純利益から加算、減算をして法人税の所得を計算する過程を税務調整といいます。

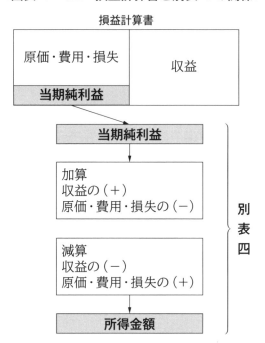

<図表4−12　損益計算書と別表4の関係>

企業会計上の利益に対して、法人税の所得の金額に加算するものとして下記ア、イがあり、法人税の所得の金額から減算するものとして下記ウ、エがあります。

ア　益金算入

　　企業会計上は収益ではないですが、法人税の所得計算上は益金とするもの（売上計上漏れ等）をいいます。

イ　損金不算入

　　企業会計上は費用ですが、法人税の所得計算上は損金としないもの（減価償却超過額等）をいいます。

ウ　益金不算入

企業会計上は収益ですが、法人税の所得計算上は益金としないもの（受取配当等の益金不算入等）をいいます。

エ　損金算入

企業会計上は費用ではないですが、法人税の所得計算上は損金とするもの（減価償却超過額の当期認容額等）をいいます。

② 減価償却超過額の概要

税務調整のうち償却資産に特に関係する内容として、減価償却費の税務調整（減価償却超過額等）があります。これは、企業会計上の減価償却費に対して、法人税の所得へ加算、減算されるもので、法人税申告書別表 16 を経由して別表 4、5 ⑴に記載されます。

例えば、外国の親会社の会計ルールに従い、企業会計上はパソコンを 3 年で減価償却しているものの、法人税の所得計算上は耐用年数省令に従い、4 年で減価償却費を計算する必要があるため、差額を償却超過額として損金不算入する場合等があります。

また、この場合、企業会計上は耐用年数 3 年で減価償却していますので、原則として 3 年経過後に償却額が生じなくなりますが、法人税の所得計算上は耐用年数 4 年で減価償却しますので、4 年目も償却限度額が生じることとなり、減価償却超過額の当期認容額が損金算入されます。

このように、企業会計の決算上の減価償却費が償却限度額に満たない場合は、その満たない額を限度として、減価償却超過額の当期認容額として損金算入（所得金額から減算）されることとなります。

<図表 4－13　別表 16 と別表 4、5⑴の関係>

※　減価償却費の明細として別表 16 を作成していても、減価償却超過
　　額等がない場合は、別表 4 の所得に影響しません。

③　減価償却超過額の税務調整の例

　税務調査により企業会計上、固定資産として処理をしなかった内装の
修繕費について、法人税の所得計算上は固定資産に計上すべきとして否
認されました。

　その修繕は、100 万円で期首の月末までに完了したものとします。

　法人税の所得計算上は、耐用年数 15 年、定額法償却率 0.067 にて処
理すべきとされたものとします。

ア　当期（否認された事業年度）の処理

　㋐　会計処理

　　修繕費 100 万円を費用計上

　　（仕訳）修繕費　1,000,000　／　現金預金 1,000,000

　㋑　法人税申告書別表 4、5⑴の記載例

　　　企業会計上、費用処理した修繕費 100 万円を修繕費否認として
　　損金不算入とし法人税の所得金額に加算する一方、取得価額
　　1,000,000 円×定額法償却率 0.067＝67,000 円を減価償却超過
　　額の当期認容額として損金算入とし所得金額から減算します。

176

別表 4

区　　　分		総　　額	処　　分		
			留　　保	社　外　流　出	
		①	②	③	
当期利益又は当期欠損の額	1	×××	×××	配　当	
				その他	
加算	修繕費否認	1,000,000	1,000,000		
減算	減価償却超過額の当期認容額	67,000	67,000		

※　「減価償却超過額」として、差引 933,000 円の加算のみを記載する方法も考えられます。

別表 5 (1)

Ⅰ　利益積立金額の計算に関する明細書					
区　　　分		期首現在利益積立金額	当期の増減		差引翌期首現在利益積立金額 ①－②＋③
			減	増	
		①	②	③	④
附属設備	3		67,000	1,000,000	933,000

※　別表 4 で「減価償却超過額」として差引 933,000 円を加算した場合は、当期の増減「減」②欄には記載せず「増」③欄に 933,000 円と記載します。

イ 翌期の処理

　㋐ 会計処理

　　前期に修繕費として処理済のため、会計処理なし

　㋑ 法人税申告書別表4、5⑴の記載例

　　企業会計上は費用処理済ですが、法人税の所得計算上は附属設備の償却超過額（未償却額）が繰り越されていますので、取得価額1,000,000円×定額法償却率0.067＝67,000円を減価償却超過額の当期認容額として損金算入とし所得金額から減算します。

別表4

区　　分		総　　額	処　　分		
			留　保	社　外　流　出	
		①	②	③	
当期利益又は当期欠損の額	1	××××	××××	配　当	
				その他	
加算					
減算	減価償却超過額の当期認容額	67,000	67,000		

別表5⑴

Ⅰ　利益積立金額の計算に関する明細書					
区　　分		期首現在利益積立金額	当期の増減		差引翌期首現在利益積立金額 ①－②＋③
			減	増	
		①	②	③	④
附属設備	3	933,000	67,000		866,000

178

ウ　償却資産申告への影響

　企業会計上、修繕費として費用処理されたため、固定資産台帳に計上されていない簿外資産であっても、法人税の所得計算上固定資産に計上すべきとして損金否認された場合で、その損金否認された内装の修繕費の内容が償却資産の申告対象となるときは、償却資産の申告が必要です。

　なお、損金否認された内容が固定資産税の家屋に係るものだった場合は、当然ながら償却資産の申告への影響はありません。

⑷　個人事業者の確定申告の概要

　個人事業者は、所得税の確定申告書の添付書類として、青色申告決算書や収支内訳書を作成します。法人のように企業会計と税務会計といった区分はなく、所得税の確定申告のために減価償却費を計算しています。

　個人事業者の所得税の確定申告の概要として、個人の 10 種類の所得の内容から説明します。

①　10 種類の所得の概要
ア　各種所得の概要

　個人の所得税は、その所得の性質に応じて 10 種類の所得に区分され、それぞれの所得に合った所得金額を計算した上で合計するという方法を採用しています。それぞれの所得の概要は、図表 4-14 のとおりです。

<図表4−14　10種類の所得の種類とその概要>

No.	所得の種類	概要
1	利子所得	預貯金や国債等の利子による所得
2	配当所得	株式、出資の配当等による所得
3	不動産所得	不動産及び船舶又は航空機の貸付による所得
4	事業所得	農業、漁業、製造業、卸売業、小売業、サービス業その他の事業から生じる所得
5	給与所得	俸給、給料、賃金、歳費及び賞与並びにこれらの性質を有する給与に係る所得
6	退職所得	退職手当、一時恩給その他の退職により一時に受ける給与に係る所得
7	山林所得	山林の伐採又は譲渡による所得（※）
8	譲渡所得	土地、建物、株式、絵画、ゴルフ会員権等の譲渡による所得
9	一時所得	上記以外の所得のうち、営利を目的とする継続的行為から生じた所得以外の一時の所得（クイズの賞金、馬券の払戻金、生命保険の解約一時金等）
10	雑所得	他の各種所得のいずれにも該当しない所得（年金等）

※　山林を取得の日以後5年以内に伐採し又は譲渡することによる所得は山林所得に含まれず、山林の譲渡が事業的規模で行われている場合は事業所得とされ、事業的規模に至らない場合は雑所得とされます。

　このうち、償却資産に関係する個人事業者の所得は、不動産所得、事業所得、山林所得、雑所得が該当するものと考えられます。

　なお、償却資産の定義における「事業の用に供することができる」の事業とは、一定の目的のために一定の行為を継続、反復して行うことをいいますので、必ずしも「事業所得」を意味していないことに注意が必要です（第1章(1)参照）。

　例えば、年収2,000万円の会社員が個人で太陽光発電設備に対する投資を行って電力会社から300万円程度の売電収入を得ている場合の所得は、「事業所得」ではなく「雑所得」となる可能性があります

が、一方で同じく太陽光発電設備に係る 300 万円程度の売電収入のみで生計を立てている場合は、「雑所得」ではなく「事業所得」に該当するものと考えられます。

　また、給与所得者が副業として行っている事業が赤字になった場合において、「事業所得」であればその赤字を「給与所得」に損益通算（※）して所得税の還付申告を行うことができますが、税務署からその副業として行っている事業が「事業所得」として認められず「雑所得」とされ、損益通算の対象外として修正されることがあります。

　※　損益通算とは、不動産所得、事業所得、山林所得及び譲渡所得の金額に損失（赤字）が生じた場合に、この損失額を他の所得の金額（黒字）から控除することをいいます（所法 69）。

　このように、所得税の所得の種類は、その個人の属性にもよりますので、所得税の確定申告で「雑所得」であることを理由として事業の用に供しておらず、償却資産の申告対象外と考えるのは誤りといえます。

イ　各種所得の計算方法（不動産所得、事業所得、山林所得、雑所得）
　償却資産に関係する個人事業者の所得である不動産所得、事業所得、山林所得、雑所得の計算方法は、図表 4−15 のとおりです。

<図表 4−15　所得の計算方法>

所得の種類	計算方法
不動産所得	総収入金額−必要経費
事業所得	総収入金額−必要経費
山林所得	総収入金額−必要経費−山林所得の特別控除額（最高 50 万円）
雑所得	公的年金等：収入金額（税込み）−公的年金等控除額 上記以外のもの：総収入金額−必要経費

これらの所得の金額は、公的年金等に係る雑所得を除き原則として総収入金額から必要経費を控除して計算されます。

ウ　必要経費

法人税の「損金」に相当する用語について、所得税では「必要経費」とされています。

そのため、地方税法第341条第4号の償却資産の定義においても「その減価償却額又は減価償却費が法人税法又は所得税法の規定による所得の計算上**損金**又は**必要な経費**に算入されるもの」と定められています。

必要経費に算入すべき金額は、別段の定めがあるものを除き、図表4-16のとおりです（所法37）。

<図表4-16　必要経費>

所得の種類	必要経費の内容
不動産所得	・総収入金額に係る売上原価
事業所得	・総収入金額を得るために直接要した費用の額
雑所得	・その年（1月1日から12月31日まで）の販売費、一般管理費及びその業務について生じた費用の額
山林所得（※）	・植林費 ・取得に要した費用 ・管理費 ・伐採費 ・その他その山林の育成又は譲渡に要した費用（償却費以外の費用については12月31日現在で債務の確定しているものに限られます。）

※　山林を伐採して譲渡し、又は立木のまま譲渡したことによる所得が事業所得又は雑所得に区分される場合を含みます。

なお、所得税においては、確定申告で各種所得を計算するために必要経費を集計しますので、法人のように企業会計と税務会計といった区分はありません。

所得税法

第37条　必要経費

　その年分の不動産所得の金額、事業所得の金額又は雑所得の金額（事業所得の金額及び雑所得の金額のうち山林の伐採又は譲渡に係るもの並びに雑所得の金額のうち第35条第3項（公的年金等の定義）に規定する公的年金等に係るものを除く。）の計算上必要経費に算入すべき金額は、別段の定めがあるものを除き、これらの所得の総収入金額に係る売上原価その他当該総収入金額を得るため直接に要した費用の額及びその年における販売費、一般管理費その他これらの所得を生ずべき業務について生じた費用（償却費以外の費用でその年において債務の確定しないものを除く。）の額とする。

2　山林につきその年分の事業所得の金額、山林所得の金額又は雑所得の金額の計算上必要経費に算入すべき金額は、別段の定めがあるものを除き、その山林の植林費、取得に要した費用、管理費、伐採費その他その山林の育成又は譲渡に要した費用（償却費以外の費用でその年において債務の確定しないものを除く。）の額とする。

② **個人事業者の減価償却**

　所得税法においても、減価償却資産の償却費の額は、必要経費に算入されます（所法49）。

　ただし、所得税法では、法人税法と異なり償却費の必要経費への算入

は任意ではなく強制償却とされるため、償却限度額が必ず必要経費に算入されます。

そのため、例えば、令和2年で償却しなかったからといって、令和3年に未償却額をもとに減価償却費を計上することは認められません。

また、法人の法定償却方法は原則として定率法ですが、個人の法定償却方法は定額法であるため、税務署への届出により償却方法として定率法を選択しない場合は、定額法により償却されます。

個人においても償却資産申告対象外となる使用可能期間が1年未満のもの又は取得価額が10万円未満である少額の減価償却資産や、取得価額が20万円未満である資産で3年一括償却したものは、償却資産の申告対象外となります（地法341四、地令49、所令138、139①）。

従業員数が500人以下（令和2年3月31日以前に取得した少額減価償却資産については従業員数が1,000人以下）の個人で青色申告者は、取得価額30万円未満の資産について、法人と同様に中小企業者等の少額減価償却資産の取得価額の必要経費算入の特例を受けることができますが（措法28の2）、その適用を受けて必要経費に算入した場合は、償却資産の申告対象となります（上記第2章(4)参照）。

所得税法

第49条　減価償却資産の償却費の計算及びその償却の方法

　居住者のその年12月31日において有する減価償却資産につきその償却費として第37条（必要経費）の規定によりその者の不動産所得の金額、事業所得の金額、山林所得の金額又は雑所得の金額の計算上必要経費に算入する金額は、その取得をした日及びその種類の区分に応じ、償却費が毎年同一となる償却の方法、償却費が毎年

一定の割合で逓減する償却の方法その他の政令で定める償却の方法の中からその者が当該資産について選定した償却の方法（償却の方法を選定しなかった場合には、償却の方法のうち政令で定める方法）に基づき政令で定めるところにより計算した金額とする。

2　前項の選定をすることができる償却の方法の特例、償却の方法の選定の手続、償却費の計算の基礎となる減価償却資産の取得価額、減価償却資産について支出する金額のうち使用可能期間を延長させる部分等に対応する金額を減価償却資産の取得価額とする特例その他減価償却資産の償却に関し必要な事項は、政令で定める。

③　所得税の確定申告書の概要

ア　申告納税方式

所得税は申告納税方式を採用していますので、自ら年間（暦年）の所得金額とその税額を計算して確定申告を行う必要があります。

確定申告義務がある者は、原則としてその年の翌年2月16日から3月15日までに確定申告書を提出する必要があります（所法120）。

イ　青色申告

青色申告とは、一定水準の記帳をし、その記帳に基づいて確定申告をする制度をいいます。

青色申告の対象となる所得は、不動産所得、事業所得、山林所得です（所法143）。

青色申告をするための要件として、原則としてその年の3月15日までに税務署長へ青色申告の承認申請書を提出して青色申告の承認を受けることと、一定の帳簿書類を備え付けて、これに不動産所得、事

業所得及び山林所得の金額に係る取引を記録し、かつ、これを保存することの2点があります（所法144、148）。

　青色申告者が備え付けるべき帳簿は、図表4-17のとおりです（所法148、所規56～64）。

<図表4-17　青色申告者が備え付ける帳簿>

No.	区分	概要
1	正規の簿記で記帳する者	貸借対照表と損益計算書を作成することができる正規の簿記（複式簿記）に基づく帳簿（総勘定元帳、仕訳帳）
2	簡易帳簿で記帳する者	現金出納帳、売掛帳、買掛帳、経費明細帳、固定資産台帳
3	小規模事業者の収入及び費用の帰属時期の特例（所法67）の承認を受けた者	現金主義に基づく現金出納帳及び固定資産台帳

　青色申告の特典として、不動産所得、事業所得及び山林所得の金額の計算上、図表4-18の区分に応じてそれぞれの金額の青色申告特別控除を受けることができます。ただし、青色申告特別控除額を控除する前の不動産所得、事業所得又は山林所得の金額が青色申告特別控除額に満たない場合は、青色申告特別控除額を控除する前のそれらの所得の金額が限度とされます（措法25の2）。

<図表 4－18　青色申告特別控除>

No.	区分	金額
1	不動産所得又は事業所得を生ずべき事業を営む青色申告者が、その事業に係る帳簿書類を備え付けて一切の取引内容を正規の簿記の原則に従って記録し、かつ、その記録に基づいて作成された貸借対照表、損益計算書等を添付して確定申告書を期限内に提出している場合	55万円
2	上記1の者が次のいずれかを満たす場合 ㋐　その年分の事業に係る仕訳帳及び総勘定元帳について、「電磁的記録の備付け及び保存」又は「電磁的記録の備付け及びその電磁的記録の電子計算機出力マイクロフィルムによる保存」を行っていること ㋑　その年分の所得税の確定申告書、貸借対照表、損益計算書等の提出を、その提出期限までにe-Taxを使用して行うこと	65万円
3	上記1又は2の控除を受ける者以外の青色申告者（山林所得の場合、不動産所得に係る貸付が事業的規模（※）にない場合、簡易帳簿で記帳している場合等）	10万円

※　事業的規模とは、アパート等では概ね10室以上、貸家では概ね5棟以上をいいます（所基通26-9）。

　上記No.1の貸借対照表、損益計算書等を含めた所得税の添付書類が「青色申告決算書」となります（所法149、所規65①）。

　ただし、上記No.3の簡易帳簿で記帳する者については、貸借対照表を添付しなくて良いとされています（所規65②）。

ウ　白色申告

　上記イの青色申告によらない申告を白色申告といいます。青色申告決算書に相当する白色申告の添付書類は、「収支内訳書」となります。

　また、雑所得の申告は白色申告となりますが、雑所得に係る確定申告書に収支内訳書が添付されていない場合は、確定申告書から必要経費の内訳を確認することができません。

　ただし、雑所得の必要経費を計算している場合は、何らかの計算資料があるものと考えられますので、その中に減価償却費が含まれているときは、事業の用に供する資産として償却資産に該当する可能性があります。

　なお、雑所得を生ずべき業務に係る収入金額が300万円を超える者は、これらの雑所得を生ずべき業務に係るその年の取引のうち総収入金額及び必要経費に関する事項を記載した書類の保存義務があります（所法232②）。

エ　帳簿等の保存期間

　青色申告者も白色申告者も5年又は7年の帳簿保存期間が定められています（所法148、232、所規63、102）。

　具体的には、図表4－19のとおりです。

<図表4-19　帳簿等の保存期間>

申告の種類	区分	保存期間
青色申告	帳簿	7年 （※）
	決算関係書類	
	現金・預金取引等関係書類	
	その他の書類	5年
白色申告	一定の帳簿	7年
	決算関係書類	5年
	現金・預金取引等関係書類	
	その他の書類	

※　前々年分所得300万円以下の者の現金・預金取引等関係書類は5年
とされています。

所得税法

第144条　青色申告の承認の申請

　その年分以後の各年分の所得税につき前条の承認を受けようとす
る居住者は、その年3月15日まで（その年1月16日以後新たに同
条に規定する業務を開始した場合には、その業務を開始した日から2月
以内）に、当該業務に係る所得の種類その他財務省令で定める事項
を記載した申請書を納税地の所轄税務署長に提出しなければならな
い。

第148条　青色申告者の帳簿書類

　第143条（青色申告）の承認を受けている居住者は、財務省令で
定めるところにより、同条に規定する業務につき帳簿書類を備え付
けてこれに不動産所得の金額、事業所得の金額及び山林所得の金額

に係る取引を記録し、かつ、当該帳簿書類を保存しなければならない。

2 納税地の所轄税務署長は、必要があると認めるときは、第143条の承認を受けている居住者に対し、その者の同条に規定する業務に係る帳簿書類について必要な指示をすることができる。

第232条 事業所得等を有する者の帳簿書類の備付け等

その年において不動産所得、事業所得若しくは山林所得を生ずべき業務を行う居住者又は第164条第1項各号（非居住者に対する課税の方法）に定める国内源泉所得に係るこれらの業務を行う非居住者（青色申告書を提出することにつき税務署長の承認を受けている者を除く。）は、財務省令で定めるところにより、帳簿を備え付けてこれにこれらの所得を生ずべき業務に係るその年の取引（恒久的施設を有する非居住者にあっては、第161条第1項第1号（国内源泉所得）に規定する内部取引に該当するものを含む。次項において同じ。）のうち総収入金額及び必要経費に関する事項を財務省令で定める簡易な方法により記録し、かつ、当該帳簿（その年においてこれらの業務に関して作成したその他の帳簿及びこれらの業務に関して作成し、又は受領した財務省令で定める書類を含む。第3項において同じ。）を保存しなければならない。

2 その年において雑所得を生ずべき業務を行う居住者又は第164条第1項各号に定める国内源泉所得に係る雑所得を生ずべき業務を行う非居住者で、その年の前々年分のこれらの雑所得を生ずべき業務に係る収入金額が300万円を超えるものは、財務省令で定めるところにより、これらの雑所得を生ずべき業務に係るその年の取引

のうち総収入金額及び必要経費に関する事項を記載した書類として財務省令で定める書類を保存しなければならない。

3　国税庁、国税局又は税務署の当該職員は、前2項の規定の適用を受ける者の所得税に係るこれらの規定に規定する総収入金額及び必要経費に関する事項の調査に際しては、第1項の帳簿又は前項の書類を検査するものとする。ただし、当該帳簿又は当該書類の検査を困難とする事情があるときは、この限りでない。

所得税法施行規則

第63条　帳簿書類の整理保存

　　第60条第1項（決算）に規定する青色申告者は、次に掲げる帳簿及び書類を整理し、起算日から7年間（第3号に掲げる書類のうち、現金預金取引等関係書類に該当する書類以外のものにあっては、5年間）、これをその者の住所地若しくは居所地又はその営む事業に係る事務所、事業所その他これらに準ずるものの所在地に保存しなければならない。

一　第58条（取引に関する帳簿及び記載事項）に規定する帳簿並びに当該青色申告者の資産、負債及び資本に影響を及ぼす一切の取引に関して作成されたその他の帳簿

二　棚卸表、貸借対照表及び損益計算書並びに計算、整理又は決算に関して作成されたその他の書類

三　取引に関して相手方から受け取った注文書、契約書、送り状、領収書、見積書その他これらに準ずる書類及び自己の作成したこれらの書類でその写しのあるものはその写し

2　前項の青色申告者で、その年3月15日における前々年分の不動
　産所得の金額及び事業所得の金額の合計額（令第195条第1号（小
　規模事業者の要件）に規定する合計額をいい、法第125条第1項から第
　3項まで（年の中途で死亡した場合の確定申告）の規定の適用がある場
　合には、これらの規定に規定する居住者に係る当該合計額とする。）が
　同号に規定する金額以下であるものは、前項の規定にかかわらず、
　その年において作成し、又は受領した同項第3号に掲げる書類につ
　いては、起算日から5年間を超えて保存することを要しない。

（以下、略）

第102条　事業所得等に係る取引に関する帳簿の記録の方法及び帳簿書類
の保存

　　法第232条第1項（事業所得等を有する者の帳簿書類の備付け等）
　に規定する居住者又は非居住者（第4項において「居住者等」とい
　う。）は、帳簿を備え、その適用を受ける年分の不動産所得の金額、
　事業所得の金額及び山林所得の金額が正確に計算できるように、こ
　れらの所得を生ずべき業務に係るその年の取引でこれらの所得に係
　る総収入金額及び必要経費に関する事項を、次項に規定する記録の
　方法に従い、整然と、かつ、明瞭に記録しなければならない。
2　法第232条第1項に規定する財務省令で定める簡易な方法は、
　財務大臣の定める記録の方法とする。
3　法第232条第1項に規定する財務省令で定める書類は、次に掲
　げる書類とする。
　一　その年の決算に関して作成した棚卸表その他の書類
　二　その年において法第232条第1項に規定する業務に関して作

成し、又は受領した請求書、納品書、送り状、領収書その他これらに類する書類（自己の作成したこれらの書類でその写しのあるものは、当該写しを含む。）

4　居住者等は、第1項の帳簿（その年において法第232条第1項に規定する業務に関して作成したその他の帳簿及び前項各号に掲げる書類を含む。次項において「帳簿等」という。）を、第63条第4項（青色申告者の帳簿書類の整理保存）に規定する起算日から7年間（その他の帳簿及び前項各号に掲げる書類にあっては、5年間）、その者の住所地若しくは居所地又はその営む事業に係る事務所、事業所その他これらに準ずるものの所在地に保存しなければならない。この場合において、前項各号に掲げる書類は、これを整理して保存しなければならないものとする。

（以下、略）

償却資産申告書、固定資産台帳、決算書、法人税申告書別表の記載例

【補足説明】

・法人名「株式会社償却工場」

・令和3年度分の償却資産申告書と固定資産台帳、法人税申告書の連動が確認できるようにそれぞれ該当箇所に①〜⑪を付しています。

・決算書と固定資産台帳の連動が確認できるようにそれぞれ該当箇所にA〜Fを付しています。

・損益計算書と法人税申告書別表4の連動が確認できるようにメモを付しています。

・法人税申告書別表は過年度分を含めて抜粋です。

・少額減価償却資産のうち償却資産の申告対象となるものは、令和3年3月期の法人税申告書、令和2年3月期の法人税申告書にのみ計上されているものとします。

・平成28年3月期の法人税申告書にて償却資産申告対象となる修繕費の税務調整を行っており、簿外資産として償却資産申告対象となります。参考資料として償却超過額の推移表を作成しています（任意様式）。

固定資産台帳 兼 減価償却計算書（詳細形式）

計算期間 自令和 2年 4月 1日 至令和 3年 3月 31日　1/ 3 ページ

資産コード 本支店コード 部門コード	資産名 構造名・資産 細目名	取得年月日 除却年月日 数量	耐用年数 償却方法 償却率	取得価額 圧縮記帳額 差引取得価額	残存価額 差引帳簿価額 期末帳簿価額	期中減少額 期中増加額	算出償却額 増加償却額 当期償却限度額	期首償却超過額 期首償却不足額 償却基礎額	特別償却額 増加償却額 当期償却額	償却超過額 償却不足額 期末帳簿価額	引当金取崩額 期末引当金額 当期累計額	営業外費用 製造原価 販売費計額	備考
[00 建物]													
0045 0001	00 建物 事務所（木造）	平12. 5. 1 1式	24 旧定額 0.042 12 100%	12,836,070	1,283,607 641,804 3,172,444		485,203 485,203	11,552,463	485,203 485,203	2,687,241 A(P200)	10,148,829	485,203	
	[00 建物] 期末合計			12,836,070	1,283,607 641,804 3,172,444		485,203 485,203	11,552,463	485,203 485,203	2,687,241	10,148,829	485,203	
[10 建物附属設備]													
0046 0001	10 建物附属設備 事務所 空調設備	平12. 5. 1 1式	15 旧定率 12/60 12 100%	865,000	86,500 43,250 43,250		8,649 8,649	43,249	8,649 8,649	34,601	830,399	8,649	
0047 0001	10 建物附属設備 事務所 電気設備	平12. 5. 1 1式	15 旧定率 12/60 12 100%	185,000	18,500 9,250 9,250		1,849 1,849	9,249	1,849 1,849	7,401	177,599	1,849	
0048 0001	10 建物附属設備 事務所 給排水設備	平12. 5. 1 1式	15 旧定率 12/60 12 100%	1,142,858	114,286 57,143 57,143		11,428 11,428	57,142	11,428 11,428	45,715	1,097,143	11,428	
	[10 建物附属設備] 期末合計			2,192,858	219,286 109,643 109,643		21,926 21,926	109,640	21,926 21,926	87,717 B(P200)	2,105,141	21,926	
[20 構築物]													
0049 0001	20 構築物 ①(P225) 事務所前 石敷舗装	平12. 5. 1 1式	15 旧定率 12/60 12 100%	381,410	38,141 19,071 19,071		3,814 3,814	19,070	3,814 3,814	15,257	366,153	3,814	
0050 0001	20 構築物 ②(P225) 駐車場アスファルト舗装	平12. 5. 1 1式	10 旧定率 12/60 12 100%	370,000	37,000 18,500 1			18,499	0	1	369,999		償却済
0064 0001	20 構築物 ③(P225) 緑化設備	平29. 5. 1 1式	20 定額 0.050 12 100%	600,000	512,500		30,000 30,000	600,000	30,000 30,000	482,500	117,500	30,000	
0089 0001	20 構築物 ④(P225) 箱板	令 1. 6. 1 1台	20 定率 0.050 12 100%	300,000	287,500		15,000 15,000	300,000	15,000 15,000	272,500	27,500	15,000	
	[20 構築物] 期末合計			1,651,410	75,141 37,571 819,072		48,814 48,814	937,569	48,814 48,814	770,258 C(P200)	881,152	48,814	
[50 車両運搬具]													

1/ 29 ページ

196

固定資産台帳 兼 減価償却計算書（詳細形式）

S199　株式会社償却工場

資産コード／本支店コード／部門コード	資産 構造名・産 種目 細目 名	数量	取得年月日／償却年月日	耐用年数／償却率／償却方法／事業専用割合	取得価額／圧縮記帳額／差引取得価額	残存価額／差引取得価額／期首帳簿価額	期中減少額／期中増加額	期首償却超過額／期首償却不足額／償却基礎額	算出償却額／増加償却額／当期償却額	特別償却額／割増償却額／当期償却額	償却超過額／償却不足額／期末償却累計額	引当金取崩額／期末引当金／償却累計額	営業外費用／製造原価／販売管理費	備考
0082 0001	50 車両運搬具 小型自動車 【50 車両運搬具】	1 台	平27.11.1	4 / 1.000* / 定率 / 12 100%	1,152,070			228,014				1	1,152,069	償却済
	期末合計				1,152,070			228,014				1	1,152,069	
0086 0001	70 器具備品 応接セット ⑪(P226)		平30.2.1 令2.12.15 大	8 / 0.250 / 定率 / 9	350,000	188,673	153,297		35,376	35,376	35,376	0	35,376	除却
0090 0001	70 器具備品 パソコン ⑦(P225)	5 台	令2.5.1 大	4 / 0.500 / 定率 / 11 100%	1,800,000		1,800,000	1,800,000	825,000	825,000	825,000	975,000	825,000	取得
	【70 器具備品】合計				2,150,000	188,673	153,297 1,800,000	1,988,673	860,376	860,376	860,376	975,000 D(P200)	860,376	
	除却合計				350,000	188,673	153,297		35,376	35,376	35,376	0	35,376	
	期末合計				1,800,000		1,800,000	1,800,000	825,000	825,000	825,000		825,000	
0087 0001	80 機械装置 S社製造設備 ⑥(P225) 【80 機械装置】	1 式	平30.12.1	6 / 0.333 / 定率 / 12 100%	3,500,000	2,075,371		2,075,371	691,098	691,098	691,098	1,384,273 E(P200)	691,098	
	期末合計				3,500,000	2,075,371		2,075,371	691,098	691,098	691,098	1,384,273	691,098	
0081 0001	A0 無形固定資産 会計ソフト	1 式	平27.8.1	5 / 0.200 / 定額 / 12 100%	340,000	22,667		340,000	22,667	22,667	22,667	0	340,000	22,667
0085 0001	A0 無形固定資産 ソフトウェア 【A0 無形固定資産】	1 式	平29.6.1	5 / 0.200 / 定額 / 12 100%	400,000	173,334		400,000	80,000	80,000	80,000	80,000	306,666	80,000
	期末合計				740,000	196,001		740,000	102,667	102,667	102,667 F(P200)	93,334	646,666	80,000 22,667

記載例

197

固定資産台帳 兼 減価償却計算書（詳細形式）

S199　株式会社償却工場

資産コード／本支店コード／部門コード	資産 種別 種類・細目 名	取得年月日／償却年月日 数量	償却年数等	取得価額／圧縮記帳額／差引取得価額	残存価額／差引取得価額×5%／期首帳簿価額	期中減少額／期中増加額	期首減価償却累計額／期首償却不足額／償却の基礎価額	算出償却額／増加償却額／当期償却限度額	特別償却額／割増償却額／当期償却額	償却超過額／償却不足額／期末帳簿価額	引当金取崩額／期末引当金／償却累計額	備考 営業外費用／製造原価／販売管理費
	【B0 繰延資産】											
0088／0001	B0 繰延資産 入会金	平31. 2. 1	12／60／100%	1,000,000	766,667			200,000	200,000	566,667	433,333	200,000
		均等					1,000,000	200,000	200,000			200,000
	【B0 繰延資産】期末合計	1 式		1,000,000	766,667		1,000,000	200,000	200,000	566,667	433,333	200,000
	【C0 土地】											
0040／0001	C0 土地 千代田区××	平10.10. 1		18,203,500	18,203,500					18,203,500	18,203,500	
	【C0 土地】期末合計			18,203,500	18,203,500					18,203,500	18,203,500	
	【有形固定資産】合計			41,685,908	1,578,034／789,018／24,568,704	153,297／1,800,000／153,297	16,891,730	2,107,417／2,107,417	2,107,417	24,107,990	17,424,621	691,098／1,416,319
	除却合計			350,000	188,673	153,297	188,673	35,376／35,376	35,376	0	196,703	35,376
	【無形固定資産】期末合計			41,335,908	1,578,034／789,018／24,380,031	1,800,000	16,703,057	2,072,041／2,072,041	2,072,041	24,107,990	17,227,918	691,098／1,380,943
	【無形固定資産】期末合計			740,000	196,001		740,000	102,667	102,667	93,334	646,666	80,000／22,667
	【繰延資産】期末合計			1,000,000	766,667		1,000,000	200,000	200,000	566,667	433,333	200,000

決　算　報　告　書

(第 25 期)

自　令和 2年 4月 1日
至　令和 3年 3月31日

株式会社償却工場

貸借対照表

令和 3年 3月31日 現在

株式会社償却工場 　　　　　　　　　　　　　　　　　　　　　　　　（単位： 円）

資　産　の　部		負　債　の　部	
科　目	金　額	科　目	金　額
【流動資産】	223,229,452	【流動負債】	48,127,091
現 金 及 び 預 金	85,122,976	買　　掛　　金	31,880,000
受 取 手 形	2,600,000	未 払 費 用	400,000
売　　掛　　金	55,306,476	未 払 法 人 税 等	1,123,100
製　　　　品	55,000,000	未 払 消 費 税 等	14,431,000
原　　材　　料	25,000,000	預　　り　　金	292,991
未 収 入 金	200,000	負 債 の 部 合 計	48,127,091
【固定資産】	25,892,539	純 資 産 の 部	
【有形固定資産】 (P196)	24,507,990	【株主資本】	201,561,567
建　　　　物 A	2,687,241	資　　本　　金	50,000,000
建 物 附 属 設 備 B	87,717	利 益 剰 余 金	151,561,567
構　　築　　物 C	770,258	その他利益剰余金	151,561,567
機 械 装 置 F	1,384,273	繰 越 利 益 剰 余 金	151,561,567
車 両 運 搬 具 D	1		
工 具 器 具 備 品 E	975,000		
一 括 償 却 資 産	400,000		
土　　　　地	18,203,500		
【無形固定資産】 (P197)	139,134		
電 話 加 入 権	45,800		
ソ フ ト ウ ェ ア	93,334		
【投資その他の資産】	1,245,415		
投 資 有 価 証 券	630,000		
出　　資　　金	110,000		
差 入 保 証 金	68,580		
長 期 前 払 費 用	436,835		
【繰延資産】	566,667		
入　　会　　金	566,667	純 資 産 の 部 合 計	201,561,567
資 産 の 部 合 計	249,688,658	負 債 及 び 純 資 産 合 計	249,688,658

損 益 計 算 書

自 令和 2年 4月 1日
至 令和 3年 3月31日

株式会社償却工場　　　　　　　　　　　　　　　　　　　　　　　　（単位：　円）

科　　　　目	金	額
【売上高】		
売　　上　　高	259,090,910	
売　上　高　合　計		259,090,910
【売上原価】		
期　首　製　品　棚　卸　高	50,000,000	
当　期　製　品　製　造　原　価	185,798,375	
合　　　　　計	235,798,375	
期　末　製　品　棚　卸　高	55,000,000	
製　品　売　上　原　価		180,798,375
売　　上　　原　　価		180,798,375
売　上　総　利　益　金　額		78,292,535
【販売費及び一般管理費】		
販売費及び一般管理費合計		61,871,625
営　業　利　益　金　額		16,420,910
【営業外収益】		
雑　　　収　　　入	1,006	
営　業　外　収　益　合　計		1,006
経　常　利　益　金　額		16,421,916
【特別損失】		
固　定　資　産　除　却　損	153,297	
特　別　損　失　合　計		153,297
税　引　前　当　期　純　利　益　金　額		16,268,619
法　人　税、住　民　税　及　び　事　業　税		4,124,400
当　期　純　利　益　金　額		12,144,219

→別表4（P208）

記載例

201

販売費及び一般管理費内訳書

自 令和 2年 4月 1日
至 令和 3年 3月31日

株式会社償却工場

(単位： 円)

科　　目	金	額
役　員　報　酬	28,000,000	
給　料　手　当	16,750,000	
法　定　福　利　費	2,689,000	
福　利　厚　生　費	909,091	
接　待　交　際　費	1,363,637	
旅　費　交　通　費	3,000,000	
消　耗　品　費	1,141,819	
支　払　手　数　料	3,636,364	
地　代　家　賃	2,272,728	
租　税　公　課	150,000	
減　価　償　却　費	1,758,986	
繰　延　資　産　償　却	200,000	
販売費及び一般管理費合計		61,871,625

202

製 造 原 価 報 告 書

自 令和 2年 4月 1日
至 令和 3年 3月31日

株式会社償却工場　　　　　　　　　　　　　　　　　　　　　　　　　（単位：　円）

科　　　　目	金	額
【材料費】		
期 首 材 料 棚 卸 高	20,000,000	
当 期 材 料 仕 入 高	31,818,182	
合　　　　計	51,818,182	
期 末 材 料 棚 卸 高	25,000,000	
材　料　費　合　計		26,818,182
【労務費】		
給　　料　　手　　当	80,000,000	
法　定　福　利　費	10,000,000	
福　利　厚　生　費	3,000,000	
労　務　費　合　計		93,000,000
【製造経費】		
外　注　加　工　費	40,909,091	
荷　　造　　運　　賃	2,272,728	
旅　費　交　通　費	4,545,455	
通　　　信　　　費	809,091	
消　　耗　　品　　費	1,363,637	
車　　　両　　　費	636,364	
水　道　光　熱　費	772,728	
減　価　償　却　費	691,098	
地　　代　　家　　賃	10,000,000	
賃　　　借　　　料	3,636,364	
雑　　　　　　　費	343,637	
製　造　経　費　合　計		65,980,193
総　製　造　費　用		185,798,375
合　　　　計		185,798,375
当 期 製 品 製 造 原 価		185,798,375

記載例

203

株 主 資 本 等 変 動 計 算 書

自 令和 2年 4月 1日
至 令和 3年 3月31日

株式会社償却工場 (単位: 円)

【株主資本】

資 本 金	当期首残高		50,000,000
	当期末残高		50,000,000
利 益 剰 余 金			
その他利益剰余金			
繰 越 利 益 剰 余 金	当期首残高		139,417,348
	当期変動額	当期純利益金額	12,144,219
	当期末残高		151,561,567
利 益 剰 余 金 合 計	当期首残高		139,417,348
	当期変動額		12,144,219
	当期末残高		151,561,567
株 主 資 本 合 計	当期首残高		189,417,348
	当期変動額		12,144,219
	当期末残高		201,561,567
純 資 産 の 部 合 計	当期首残高		189,417,348
	当期変動額		12,144,219
	当期末残高		201,561,567

注　記　表

株式会社償却工場

この計算書類は、「中小企業の会計に関する基本要領」によって作成しています。

重要な会計方針に係る事項に関する注記

資産の評価基準及び評価方法
　たな卸資産の評価基準及び評価方法
　　総平均法による原価法を採用しています。
　　ただし、原材料は最終仕入原価法を採用しています。

固定資産の減価償却の方法
　有形固定資産
　　定率法（ただし、平成10年4月1日以降に取得した建物（附属設備を除く。）並びに平成28年
　4月1日以降に取得した附属設備及び構築物は定額法）を採用しています。

　無形固定資産
　　定額法を採用しています。

その他計算書類の作成のための基本となる重要な事項
消費税等の会計処理
　　　消費税等の会計処理は、税抜方式によっています。

貸借対照表に関する注記

有形固定資産の減価償却累計額　17,227,918円

株主資本等変動計算書に関する注記

発行済株式の数　40,000株

その他の注記

該当事項はありません。

記載例

205

別表一 各事業年度の所得に係る申告書ー内国法人の分……令二・四・一以後終了事業年度等分

令和 3 年 5 月 31 日
麹町 税務署長殿

納税地 東京都千代田区××
電話(03) 0000 - 0000

(フリガナ) カブシキガイシャショウキャクコウジョウ
法人名 株式会社償却工場

法人番号 ××××××××××××

(フリガナ) シナガワ タロウ
代表者記名押印 品川 太郎 ㊞

代表者住所 東京都港区×××

所得金額又は欠損金額				

青色申告 一連番号

法人区分	
事業種目	製造業
期末現在の資本金の額又は出資金の額	50,000,000 円
同非区分	

整理番号
事業年度(至)
売上金額 260
申告年月日
申告区分

旧納税地及び旧法人名等

添付書類

平成・令和 2 年 4 月 1 日 事業年度分の法人税 確定 申告書
課税事業年度分の地方法人税 確定 申告書
令和 3 年 3 月 31 日

適用額明細書 提出の有無 有
税理士法第30条の書面提出有
税理士法第33条の2の書面提出有

この申告書による法人税額の計算		十億 百万 千 円	控除税額の計算		十億 百万 千 円
所得金額又は欠損金額 (別表四「48の①」)	1	1 3 8 2 8 5 2 4	所得税の額 (別表六(一)「6の③」)	17	
法人税額 (53)+(54)+(55)	2	2 5 5 2 0 9 6	外国税額 (別表六(二)「20」)	18	
法人税額の特別控除額 (別表六(六)「7」)	3		計 (17)+(18)	19	
差引法人税額 (2)-(3)	4	2 5 5 2 0 9 6	控除した金額 (19)-(20)	20	
連結納税の承認を取り消された場合等における既に控除された法人税額の特別控除額の加算額	5		控除しきれなかった金額 (19)-(20)	21	0
土地譲渡税額	6	0 0	土地譲渡税額(別表三(二)「27」)	22	0
同上に対する税額 (22)+(23)+(24)	7	0 0 0	同(別表三(二の二)「28」)	23	0
留保税留金額 (別表三(一)「4」)	8		同(別表三(二)「23」)	24	0 0
同上に対する税額 (別表三(一)「8」)	9		所得税額等の還付金額 (21)	25	
法人税額計 (4)+(5)+(7)+(9)	10	2 5 5 2 0 9 6	中間納付額 (15)-(14)	26	
	11		欠損金の繰戻しによる還付請求税額	27	
仮装経理に基づく過大申告の更正に伴う控除法人税額	13		計 (25)+(26)+(27)	28	
控除税額 ((10)-(11)-(12))と((21)のうち少ない金額			この申告による還付金額		
差引所得に対する法人税額 (10)-(11)-(12)-(13)	14	2 5 5 2 0 9 6	この申告前の所得金額又は欠損金額 (60)	29	
中間申告分の法人税額	15	1 9 4 5 8 0 0	この申告により納付すべき法人税額 (60)	30	0 0
差引確定法人税額 (14)-(15)	16	6 0 6 2 0 0	欠損金又は災害損失金の当期控除額 (別表七(一)「4の計」)	31	
			翌期へ繰り越す欠損金又は災害損失金 (別表七(一)「5の合計」)	32	

この申告書による地方法人税額の計算		十億 百万 千 円			
課税標準法人税額 所得の金額に対する法人税額 (4)+(5)+(7)+(10の外書)	33	2 5 5 2 0 9 6	この申告による還付金額 (43)-(42)	45	
課税留保金額に対する法人税額	34		所得の金額に対する法人税額	46	
課税標準法人税額 (33)+(34)	35	2 5 5 2 0 0 0	課税留保金額に対する法人税額	47	
地方法人税額 (58)	36	2 6 2 8 6 0	課税標準法人税額 (70)	48	0 0 0
課税留保金額に係る地方法人税額 (59)	37		この申告により納付すべき地方法人税額	49	0 0
所得地方法人税額 (36)+(37)	38	2 6 2 8 6 0	剰余金・利益の配当 (剰余金の分配)の金額		
	39		残余財産の最後の分配又は引渡しの日	決算確定の日 3 5 2 4
外国税額の控除額 (別表六(二)「50」)	40			
仮装経理に基づく過大申告の更正に伴う控除地方法人税額	41			
差引地方法人税額 (38)-(39)-(40)-(41)	42	2 6 2 8 0 0	還付を受けようとする金融機関等	銀行 金庫・組合 農協・漁協 本店・支店 出張所 本所・支所 預金 郵便局等
中間申告分の地方法人税額	43	8 5 5 0 0		ゆうちょ銀行の貯金記号番号
差引確定地方法人税額 (42)-(43)	44	1 7 7 3 0 0	※税務署処理欄	

税理士署名押印 税理士 大場 智 ㊞

FB4011

令和 3 年 5 月 31 日		
麹町 税務署長殿		
収受印		

自平成・令和 ② 年 ④ 月 ① 日
至令和 ③ 年 ③ 月 ③①日

事業年度分の適用額明細書
(当初提出分)・ 再提出分)

納 税 地	東京都千代田区×× 電話 (03) 0000 - 0000
(フリガナ)	カブシキガイシャショウキャクコウジョウ
法 人 名	株式会社償却工場
法 人 番 号	
期末現在の資本金の額又は出資金の額	兆 十億 百万 千 円 5 0 0 0 0 0 0 0
所得金額又は欠損金額	十億 百万 千 円 1 3 8 2 8 5 2 4

整 理 番 号	
提 出 枚 数	1 枚 うち 1 枚目
事 業 種 目	製造業 業種番号
※税務署処理欄 提出年月日	年 月 日

租 税 特 別 措 置 法 の 条 項	区 分 番 号	適 用 額
		十億 百万 千 円
第 42 条 の3の2 第 1 項 第 1 号	0 0 3 8 0	8 0 0 0 0 0 0
第 67 条 の5 第 1 項 第 号	0 0 2 7 7	4 0 0 0 0 0
第 条 第 項 第 号		
第 条 第 項 第 号		
第 条 第 項 第 号		
第 条 第 項 第 号		
第 条 第 項 第 号		
第 条 第 項 第 号		
第 条 第 項 第 号		
第 条 第 項 第 号		
第 条 第 項 第 号		
第 条 第 項 第 号		
第 条 第 項 第 号		
第 条 第 項 第 号		
第 条 第 項 第 号		
第 条 第 項 第 号		
第 条 第 項 第 号		
第 条 第 項 第 号		
第 条 第 項 第 号		
第 条 第 項 第 号		
第 条 第 項 第 号		

記載例

207

		事業年度	令和 2・4・1 令和 3・3・31	法人名	株式会社償却工場		別表四

所得の金額の計算に関する明細書

区　　　分		総　　額 →PL（P201）①	処　　　分		
			留　保 ②	社　外　流　出 ③	
当 期 利 益 又 は 当 期 欠 損 の 額	1	12,144,219 円	12,144,219	配　当	円
				その他	
加	損金経理をした法人税及び地方法人税（附帯税を除く。）	2	2,031,300	2,031,300	
	損金経理をした道府県民税及び市町村民税	3	169,400	169,400	
	損 金 経 理 を し た 納 税 充 当 金	4	1,123,100	1,123,100	
	損金経理をした附帯税（利子税を除く。）、加算金、延滞金（延納分を除く。）及び過怠税	5			その他
	減 価 償 却 の 償 却 超 過 額	6			
	役 員 給 与 の 損 金 不 算 入 額	7			その他
	交 際 費 等 の 損 金 不 算 入 額	8			その他
算		9			
		10			
	小　　　　計	11	3,323,800	3,323,800	
減	減 価 償 却 超 過 額 の 当 期 認 容 額	12	39,595	39,595 →P209 （別表5（1））	
	納税充当金から支出した事業税等の金額	13	1,599,900	1,599,900	
	受 取 配 当 等 の 益 金 不 算 入 額（別表八（一）「13」又は「26」）	14			※
	外国子会社から受ける剰余金の配当等の益金不算入額（別表八（二）「26」）	15			※
	受 贈 益 の 益 金 不 算 入 額	16			※
	適格現物分配に係る益金不算入額	17			※
	法人税等の中間納付額及び過誤納に係る還付金額	18			
算	所得税額等及び欠損金の繰戻しによる還付金額等	19			※
		20			
	小　　　　計	21	1,639,495	1,639,495	外 ※
仮　　　　計 (1)＋(11)－(21)		22	13,828,524	13,828,524	外 ※
関連者等に係る支払利子等又は対象純支払利子等の損金不算入額（別表十七（二の二）「24」又は（別表十七（二の三）「27」）又は「29」）		23			その他
超 過 利 子 額 の 損 金 算 入 額（別表十七（二の三）「10」）		24			※
仮　　計 (22)から(24)までの計		25	13,828,524	13,828,524	外 ※
被合併法人等の最終の事業年度の欠損金の損金算入額		26			※
寄 附 金 の 損 金 不 算 入 額（別表十四（二）「24」又は「40」）		27			その他
沖縄の認定法人又は国家戦略特別区域における指定法人の所得の特別控除額（別表十（一）若しくは「13」又は別表十（二）「8」）		28			※
法 人 税 額 か ら 控 除 さ れ る 所 得 税 額（別表六（一）「6の③」）		29			その他
税 額 控 除 の 対 象 と な る 外 国 法 人 税 の 額（別表六（二の二）「7」）		30			その他
分配時調整外国税相当額及び外国関係会社等に係る控除対象所得税額等相当額（別表六（五の二）「5の②」＋別表十七（三の十二）「1」）		31			その他
組合等損失額の損金不算入額又は組合等損失超過合計額の損金算入額　（別表九（二）「10」）		32			
対外船舶運航事業者の日本船舶による収入金額に係る所得の金額の損金算入額又は益金算入額（別表十（四）「20」、「21」又は「23」）		33			※
合　　　　計 (25)＋(26)＋(27)＋(28)＋(29)＋(30)＋(31)＋(32)±(33)		34	13,828,524	13,828,524	外 ※
契 約 者 配 当 の 益 金 算 入 額（別表九（一）「13」）		35			
特定目的会社等の支払配当又は特定目的信託に係る受託法人の利益の分配等の損金算入額（別表十（八）「13」、又は別表十（九）「16」又は「11」）		36			
中間申告における繰戻しによる還付に係る災害損失欠損金額の益金算入額		37			※
非適格合併又は残余財産の全部分配等による移転資産等の譲渡利益額又は譲渡損失額		38			※
差　　引　　計 (34)から(38)までの計		39	13,828,524	13,828,524	外 ※
欠損金又は災害損失金等の当期控除額（別表七（一）「4の計」＋（別表七（二）「9」若しくは「21」又は別表七（三）「10」））		40			※
総　　　　計 (39)＋(40)		41	13,828,524	13,828,524	外 ※
新鉱床探鉱費又は海外新鉱床探鉱費の特別控除額（別表十（三）「43」）		42			※
農業経営基盤強化準備金積立額の損金算入額（別表十二（十三）「10」）		43			
農用地等を取得した場合の圧縮額の損金算入額　（別表十二（十三）「43の計」）		44			
関西国際空港用地整備準備金積立額、中部国際空港整備準備金積立額又は再投資等準備金積立額の損金算入額（別表十二（十一）「15」、別表十二（十二）「10」又は別表十二（十五）「12」）		45			
特別新事業開拓事業者に対し特定事業活動として出資をした場合の特別勘定繰入額の損金算入額又は特別勘定取崩額の益金算入額（別表十（六）「14」、「11」）		46			※
残余財産の確定の日の属する事業年度に係る事業税の損金算入額		47			
所 得 金 額 又 は 欠 損 金 額		48	13,828,524	13,828,524	外 ※

利益積立金額及び資本金等の額の計算に
関する明細書

| 事業年度 | 令和 2・4・1
令和 3・3・31 | 法人名 | 株式会社償却工場 |

I 利 益 積 立 金 額 の 計 算 に 関 す る 明 細 書

区　　　　　分		期 首 現 在 利 益 積 立 金 額 ①	当 期 の 増 減		差引翌期首現在 利 益 積 立 金 額 ①-②+③ ④
			減 ②	増 ③	
利 益 準 備 金	1	円	円	円	円
修 繕 費 否 認 (構 築 物)	2	197,975	39,595		158,380
資 本 金 等 の 額	3	30,000,000			30,000,000
	4				
	5				
	6				
	7				
	8				
	9				
	10				
	11				
	12				
	13				
	14				
	15				
	16				
	17				
	18				
	19				
	20				
	21				
	22				
	23				
	24				
	25				
繰 越 損 益 金 (損 は 赤)	26	139,417,348	139,417,348	151,561,567	151,561,567
納 税 充 当 金	27	6,344,600	6,344,600	1,123,100	1,123,100
未納法人税等（退職年金等積立金に対するものを除く。）	未 納 法 人 税 及 び 未 納 地 方 法 人 税 （附帯税を除く。）	28	△4,062,800	△6,094,100	中間 △2,031,300 確定 △783,500	△783,500
	未 納 道 府 県 民 税 （均等割額を含む。）	29	△681,900	△851,300	中間 △169,400 確定 △189,200	△189,200
	未 納 市 町 村 民 税 （均等割額を含む。）	30			中間 確定	
差 引 合 計 額	31	171,215,223	138,856,143	149,511,267	181,870,347

II 資 本 金 等 の 額 の 計 算 に 関 す る 明 細 書

区　　　　分		期 首 現 在 資 本 金 等 の 額 ①	当 期 の 増 減		差引翌期首現在 資 本 金 等 の 額 ①-②+③ ④
			減 ②	増 ③	
資 本 金 又 は 出 資 金	32	50,000,000 円	円	円	50,000,000 円
資 本 準 備 金	33				
利 益 積 立 金 額	34	△30,000,000			△30,000,000
	35				
差 引 合 計 額	36	20,000,000			20,000,000

令
二
・
四
・
一
以
後
終
了
事
業
年
度
分

① 旧定額法又は定額法による減価償却資産の償却額の計算に関する明細書

事業年度又は連結事業年度	令和 2・4・1 令和 3・3・31	法人名	株式会社償却工場

資産区分				構築物	無形固定資産	定額法計		
種類			1	構築物	無形固定資産	定額法計		
構造			2					
細目			3					
取得年月日			4	・・	・・	・・	・・	・・
事業の用に供した年月			5	・	・	・	・	・
耐用年数			6	年	年	年	年	年
取得価額	取得価額又は製作価額		7	外 900,000 円	外 740,000 円	外 1,640,000 円	外 円	外 円
	圧縮記帳による積立金計上額		8					
	差引取得価額 (7) - (8)		9	900,000	740,000	1,640,000		
帳簿価額	償却額計算の対象となる期末現在の帳簿記載金額		10	755,000	93,334	848,334		
	期末現在の積立金の額		11					
	積立金の期中取崩額		12					
	差引帳簿記載金額 (10) - (11) - (12)		13	外 755,000	外 93,334	外 848,334	外	外
	損金に計上した当期償却額		14	45,000	102,667	147,667		
	前期から繰り越した償却超過額		15	外	外	外	外	外
	合計 (13) + (14) + (15)		16	800,000	196,001	996,001		
当期分の普通償却限度額等	平成19年3月31日以前取得分	残存価額	17					
		差引取得価額 × 5% (9) × 5/100	18					
	(16)>(18) の場合	旧定額法の償却額計算の基礎となる金額 (9) - (17)	19					
		旧定額法の償却率	20					
		算出償却額 (19) × (20)	21	円	円	円	円	円
		増加償却額 (21) × 割増率	22	( )	( )	( )	( )	( )
		計 (21) + (22) 又は (16) - (18)	23					
	(16)≦(18) の場合	算出償却額 ((18)-1円) × 12/60	24					
	平成19年4月1日以後取得分	定額法の償却額計算の基礎となる金額 (9)	25	900,000	740,000	1,640,000		
		定額法の償却率	26					
		算出償却額 (25) × (26)	27	45,000 円	102,667 円	147,667 円	円	円
		増加償却額 (27) × 割増率	28	( )	( )	( )	( )	( )
		計 (27) + (28)	29	45,000	102,667	147,667		
当期分の普通償却限度額等 (23)、(24) 又は (29)			30	45,000	102,667	147,667		
当期分の償却限度額	特別償却限度額	租税特別措置法適用条項	31	条 項	条 項	条 項	条 項	条 項
		特別償却限度額	32	外 円	外 円	外 円	外 円	外 円
	前期から繰り越した特別償却不足額又は合併等特別償却不足額		33					
	合計 (30) + (32) + (33)		34	45,000	102,667	147,667		
当期償却額			35	45,000	102,667	147,667		
差引	償却不足額 (34) - (35)		36					
	償却超過額 (35) - (34)		37					
償却超過額	前期からの繰越額		38	外	外	外	外	外
	当期損金認容額	償却不足によるもの	39					
		積立金取崩しによるもの	40					
	差引合計翌期への繰越額 (37) + (38) - (39) - (40)		41					
特別償却不足額	翌期に繰り越すべき特別償却不足額 ((36)-(39))と((32)+(33))のうち少ない金額)		42					
	当期において切り捨てる特別償却不足額又は合併等特別償却不足額		43					
	差引翌期への繰越額 (42) - (43)		44					
	翌期繰越額の内訳		45					
		当期分不足額	46					
	適格組織再編成により引き継ぐべき合併等特別償却不足額 ((36)-(39))と(32)のうち少ない金額)		47					
備考								

① **旧定額法又は定額法による減価償却資産の償却額の計算に関する明細書**

事業年度 又は連結 事業年度	令和 2・4・1 令和 3・3・31	法人名	株式会社償却工場

別表十六(一)

令二・四・一以後終了事業年度又は連結事業年度分

記載例

資産区分	種　　　　　類	1	建物	旧定額法計			合計
	構　　　　　造	2					
	細　　　　　目	3					
	取 得 年 月 日	4	・　・	・　・	・　・	・　・	・　・
	事 業 の 用 に 供 し た 年 月	5	・	・	・	・	・
	耐 用 年 数	6	年	年	年	年	年
取得価額	取得価額又は製作価額	7	外 円 12,836,070	外 円 12,836,070	外 円	外 円	外 円 14,476,070
	圧縮記帳による積立金計上額	8					
	差 引 取 得 価 額 (7) − (8)	9	12,836,070	12,836,070			14,476,070
帳簿価額	償却額計算の対象となる期末現在の帳簿記載金額	10	2,687,241	2,687,241			3,535,575
	期 末 現 在 の 積 立 金 の 額	11					
	積 立 金 の 期 中 取 崩 額	12					
	差 引 帳 簿 記 載 金 額 (10) − (11) − (12)	13	外 2,687,241	外 2,687,241	外	外	外 3,535,575
	損金に計上した当期償却額	14	485,203	485,203			632,870
	前期から繰り越した償却超過額	15	外	外	外	外	外
	合　　　　　計 (13) + (14) + (15)	16	3,172,444	3,172,444			4,168,445
当期分の普通償却限度額等	平成19年3月31日以前取得分	残 存 価 額	17	1,283,607	1,283,607			1,283,607
		差引取得価額 × 5% (9) × 5/100	18	641,804	641,804			641,804
		旧定額法の償却額計算の基礎となる金額 (9) − (17)	19	11,552,463	11,552,463			11,552,463
		旧定額法の償却率	20					
		(16)>(18)の場合 算 出 償 却 額 (19) × (20)	21	485,203 円	485,203 円	円	円	485,203 円
		増 加 償 却 額 (21) × 割増率	22	( )	( )	( )	( )	( )
		計 ((21) + (22))又は(16) − (18)	23	485,203	485,203			485,203
		(16)≦(18)の場合 算 出 償 却 額 (18−1円) × 12/60	24					
	平成19年4月1日以後取得分	定額法の償却額計算の基礎となる金額 (9)	25					1,640,000
		定 額 法 の 償 却 率	26					
		算 出 償 却 額 (25) × (26)	27	円	円	円	円	147,667 円
		増 加 償 却 額 (27) × 割増率	28	( )	( )	( )	( )	( )
		計 (27) + (28)	29					147,667
	当期分の普通償却限度額等 (23)、(24) 又は (29)	30	485,203	485,203			632,870
当期分の償却限度額	特別償却限度額	租税特別措置法適用条項	31	条 項 ( )	条 項 ( )	条 項 ( )	条 項 ( )	条 項 ( )
		特 別 償 却 限 度 額	32	外 円	外 円	外 円	外 円	外 円
	前期から繰り越した特別償却不足額又は合併等特別償却不足額	33					
	合　　　　　計 (30) + (32) + (33)	34	485,203	485,203			632,870
当 期 償 却 額	35	485,203	485,203			632,870
差引	償 却 不 足 額 (34) − (35)	36					
	償 却 超 過 額 (35) − (34)	37					
償却超過額	前 期 か ら の 繰 越 額	38	外	外	外	外	外
	当期損金認容額	償却不足によるもの	39					
		積立金取崩しによるもの	40					
	差引合計翌期への繰越額 (37) + (38) − (39) − (40)	41					
特別償却不足額	翌期に繰り越すべき特別償却不足額 ((36) − (39))と((32) + (33))のうち少ない金額)	42					
	当期において切り捨てる特別償却不足額又は合併等特別償却不足額	43					
	差引翌期への繰越額 (42) − (43)	44					
	翌期繰越額の内訳	45					
		当 期 分 不 足 額	46					
適格組織再編成により引き継ぐべき合併等特別償却不足額 ((36) − (39))と(32)のうち少ない金額)	47					

備考

211

① 旧定率法又は定率法による減価償却資産の償却額の計算に関する明細書

別表十六(二)

事業年度又は連結事業年度	令和 2・4・1 令和 3・3・31	法人名	株式会社償却工場

項目		車両運搬具	器具備品	機械装置	定率法計		
資産区分	種類 1						
	構造 2						
	細目 3						
	取得年月日 4	・・	・・	・・	・・	・・	
	事業の用に供した年月 5	・	・	・	・	・	
	耐用年数 6	年	年	年	年	年	
取得価額	取得価額又は製作価額 7	外 1,152,070	2,150,000	3,500,000	外 6,802,070	外	
	圧縮記帳による積立金計上額 8						
	差引取得価額 (7)-(8) 9	1,152,070	2,150,000	3,500,000	6,802,070		
償却額計算の基礎となる額	償却額計算の対象となる期末現在の帳簿記載金額 10	1	975,000	1,384,273	2,359,274		
	期末現在の積立金の額 11						
	積立金の期中取崩額 12						
	差引帳簿記載金額 (10)-(11)-(12) 13	外 1	975,000	1,384,273	外 2,359,274	外	
	損金に計上した当期償却額 14	0	860,376	691,098	1,551,474		
	前期から繰り越した償却超過額 15	外	外	外	外		
	合計 (13)+(14)+(15) 16	1	1,988,673	2,075,371	4,064,045		
	前期から繰り越した特別償却不足額又は合併等特別償却不足額 17						
	償却額計算の基礎となる額 (16)-(17) 18	1	1,988,673	2,075,371	4,064,045		
当期分の普通償却限度額等	平成19年3月31日以前取得分 差引取得価額×5% (9)×5/100 19						
	旧定率法の償却率 20						
	(16)>(19)の場合 算出償却額 (18)×(20) 21	円	円	円	円	円	
	増加償却額 (21)×割増率 22	( )	( )	( )	( )	( )	
	計 ((21)+(22))又は(18)-(19) 23						
	(16)≦(19)の場合 算出償却額 ((19)-1円)×12/60 24						
	定率法の償却率 25						
	平成19年4月1日以後取得分 調整前償却額 (18)×(25) 26	円	860,376	691,098	1,551,474	円	
	保証率 27						
	償却保証額 (9)×(27) 28	143,997 円	252,663	346,885	743,545	円	
	(26)<(28)の場合 改定取得価額 29	228,014			228,014		
	改定償却率 30						
	改定償却額 (29)×(30) 31	円	円	円	円	円	
	増加償却額 (31)×割増率 32	( )	( )	( )	( )	( )	
	計 ((26)又は(31))+(32) 33		860,376	691,098	1,551,474		
	当期分の普通償却限度額等 (23)、(24)又は(33) 34	0	860,376	691,098	1,551,474		
当期分の償却限度額	特別償却限度額 租税特別措置法適用条項 35	条 項	条 項	条 項	条 項	条 項	
	特別償却限度額 36	外 円	外 円	外	外	外	
	前期から繰り越した特別償却不足額又は合併等特別償却不足額 37						
	合計 (34)+(36)+(37) 38	0	860,376	691,098	1,551,474		
当期償却額 39		0	860,376	691,098	1,551,474		
差引	償却不足額 (38)-(39) 40						
	償却超過額 (39)-(38) 41						
償却超過額	前期からの繰越額 42	外	外	外	外		
	当期損金認容額 償却不足によるもの 43						
	積立金取崩しによるもの 44						
	差引合計翌期への繰越額 (41)+(42)-(43)-(44) 45						
特別償却不足額	翌期に繰り越すべき特別償却不足額 ((40)-(43))と((36)+(37))のうち少ない金額 46						
	当期において切り捨てる特別償却不足額又は合併等特別償却不足額 47						
	差引翌期への繰越額 (46)-(47) 48						
	翌期への繰越額の内訳 ・・ 49						
	当期分不足額 50						
適格組織再編成により引き継ぐべき合併等特別償却不足額 ((40)-(43))と(36)のうち少ない金額 51							

備考

① 旧定率法又は定率法による減価償却資産の償却額の計算に関する明細書

事業年度又は連結事業年度	令和 2・4・1 令和 3・3・31	法人名	株式会社償却工場

右欄：令二・四・一以後終了事業年度又は連結事業年度分

記載例

区分	項目		建物附属設備	構築物	旧定率法計		合計
資産区分	種類	1	建物附属設備	構築物	旧定率法計		合計
	構造	2					
	細目	3					
	取得年月日	4	・ ・	・ ・	・ ・	・ ・	・ ・
	事業の用に供した年月	5	・	・	・	・	・
	耐用年数	6	年	年	年	年	年
取得価額	取得価額又は製作価額	7	外 2,192,858	外 751,410	外 2,944,268	外	外 9,746,338
	圧縮記帳による積立金計上額	8					
	差引取得価額 (7)-(8)	9	2,192,858	751,410	2,944,268		9,746,338
償却額計算の基礎となる額	償却額計算の対象となる期末現在の帳簿記載金額	10	87,717	15,258	102,975		2,462,249
	期末現在の積立金の額	11					
	積立金の期中取崩額	12					
	差引帳簿記載金額 (10)-(11)-(12)	13	外 87,717	15,258	102,975	外	外 2,462,249
	損金に計上した当期償却額	14	21,926	3,814	25,740		1,577,214
	前期から繰り越した償却超過額	15	外	外		外	外
	合計 (13)+(14)+(15)	16	109,643	19,072	128,715		4,192,760
	前期から繰り越した特別償却不足額又は合併等特別償却不足額	17					
	償却額計算の基礎となる金額 (16)-(17)	18	109,643	19,072	128,715		4,192,760
当期分の普通償却限度額等	差引取得価額×5% (9)×5/100	19	109,643	37,571	147,214		147,214
平成19年3月31日以前取得分	旧定率法の償却率	20					
	算出償却額 (18)×(20)	21	円	円	円	円	円
	増加償却額 (21)×割増率	22	( )	( )	( )	( )	( )
	計 (21)+(22)又は(18)-(19)	23					
	算出償却額 ((19)-1円)×12/60	24	21,926	3,814	25,740		25,740
平成19年4月1日以後取得分	定率法の償却率	25					
	調整前償却額 (18)×(25)	26	円	円	円	円	1,551,474 円
	保証率	27					
	償却保証額 (26)×(27)	28	円	円	円	円	743,545 円
	改定取得価額	29					228,014
	改定償却率	30					
	改定償却額 (29)×(30)	31	円	円	円	円	円
	増加償却額 ((26)又は(31))×割増率	32	( )	( )	( )	( )	( )
	計 ((26)又は(31))+(32)	33					1,551,474
	当期分の普通償却限度額等 (34)=(23)、(24)又は(33)	34	21,926	3,814	25,740		1,577,214
当期分の償却限度額	特別償却・割増償却 租税特別措置法適用条項	35	条 項	条 項	条 項	条 項	条 項
	特別償却限度額	36	外 円	外 円	外 円	外 円	外 円
	前期から繰り越した特別償却不足額又は合併等特別償却不足額	37					
	合計 (34)+(36)+(37)	38	21,926	3,814	25,740		1,577,214
当期償却額		39	21,926	3,814	25,740		1,577,214
差引	償却不足額 (38)-(39)	40					
	償却超過額 (39)-(38)	41					
償却超過額	前期からの繰越額	42	外	外 197,975		外	197,975
	当期認容額 償却不足によるもの	43		39,595			39,595
	積立金取崩しによるもの	44					
	差引合計翌期への繰越額 (41)+(42)-(43)-(44)	45					
特別償却不足額	翌期に繰り越すべき特別償却不足額 ((40)-(43))と((36)+(37))のうち少ない金額	46					
	当期において切り捨てる特別償却不足額又は合併等特別償却不足額	47					
	差引翌期への繰越額 (46)-(47)	48					
	翌期繰越額の内訳 翌期繰越額	49					
	当期分不足額	50					
	適格組織再編成により引き継ぐべき合併等特別償却不足額 ((40)-(43))と(36)のうち少ない金額	51					
備考							

→別表4(P208)、別表5(1)(P209)

213

① 繰延資産の償却額の計算に関する明細書

事業年度又は連結事業年度	令和 2・4・1 令和 3・3・31	法人名	株式会社償却工場

I 均等償却を行う繰延資産の償却額の計算に関する明細書

繰延資産の種類	1	入会金				合計
支出した年月	2	平31・2	・	・	・	・
支出した金額	3	円 1,000,000	円	円	円	円 1,000,000
償却期間の月数	4	月 60	月	月	月	月
当期の期間のうちに含まれる償却期間の月数	5	12				
当期分の償却限度額 (3) × (5)/(4)	6	円 200,000	円	円	円	円 200,000
当期償却額	7	200,000				200,000
差引 償却不足額 (6)-(7)	8					
差引 償却超過額 (7)-(6)	9					
償却超過額 前期からの繰越額	10	外	外	外	外	外
償却超過額 同上のうち当期損金認容額 ((8)と(10)のうち少ない金額)	11					
償却超過額 翌期への繰越額 (9)+(10)-(11)	12					

II 一時償却が認められる繰延資産の償却額の計算に関する明細書

繰延資産の種類	13					
支出した金額	14	円	円	円	円	円
前期までに償却した金額	15	外	外	外	外	外
当期償却額	16					
期末現在の帳簿価額	17					

214

① **少額減価償却資産の取得価額の損金算入の特例に関する明細書**

事業年度又は連結事業年度	令和 2・4・1 令和 3・3・31	法人名	株式会社償却工場

資産区分	種 類	1	工器具具及び備品				
	構 造	2	家具、電気機器、ガス機器及び家庭用品				
	細 目	3	事務机、事務いす及びキャビネット				
	事業の用に供した年月	4	令 2・12	・	・	・	・
取得価額	取得価額又は製作**(P225)⑩(※)**	5	円 400,000	円	円	円	円
	法人税法上の圧縮記帳による積立金計上額	6					
	差引改定取得価額 (5) − (6)	7	400,000				

資産区分	種 類	1					
	構 造	2					
	細 目	3					
	事業の用に供した年月	4	・	・	・	・	・
取得価額	取得価額又は製作価額	5	円	円	円	円	円
	法人税法上の圧縮記帳による積立金計上額	6					
	差引改定取得価額 (5) − (6)	7					

資産区分	種 類	1					
	構 造	2					
	細 目	3					
	事業の用に供した年月	4	・	・	・	・	・
取得価額	取得価額又は製作価額	5	円	円	円	円	円
	法人税法上の圧縮記帳による積立金計上額	6					
	差引改定取得価額 (5) − (6)	7					

当期の少額減価償却資産の取得価額の合計額 ((7)の計)	8	円 400,000

記載例

※ 3台分の取得価額

215

① 一括償却資産の損金算入に関する明細書

事業年度又は連結事業年度	令和　2・4・1 令和　3・3・31		法人名	株式会社償却工場

事業の用に供した事業年度又は連結事業年度	1	平 30・4・1 平 31・3・31	・　・ ・　・	・　・ ・　・	・　・ ・　・	・　・ ・　・	（当期分）
同上の事業年度又は連結事業年度において事業の用に供した一括償却資産の取得価額の合計額	2	円 120,000	円	円	円	円	円
当期の月数 (事業の用に供した事業年度の中間申告又は連結事業年度の連結中間申告の場合は、当該事業年度又は連結事業年度の月数)	3	月 12	月	月	月	月	月
当期分の損金算入限度額 $(2) \times \dfrac{(3)}{36}$	4	円 40,000	円	円	円	円	円
当期損金経理額	5						
差 引　損金算入不足額 (4) − (5)	6	40,000					
損金算入限度超過額 (5) − (4)	7						
損金算入限度超過額　前期からの繰越額	8						
同上のうち当期損金認容額 ((6)と(8)のうち少ない金額)	9						
翌期への繰越額 (7) + (8) − (9)	10						

〔過年度分：令和2年3月期〕

所得の金額の計算に関する明細書

| 事業年度 | 平成 31・4・1 令和 2・3・31 | 法人名 | 株式会社償却工場 |

| 記載例 |

区　　　分		総　　額 ①	処　　　　分		
			留　保 ②	社　外　流　出 ③	
当 期 利 益 又 は 当 期 欠 損 の 額	1	13,432,207 円	13,432,207 円	配当	円
				その他	
加	損金経理をした法人税及び地方法人税（附帯税を除く。）	2				
	損金経理をした道府県民税及び市町村民税	3				
	損金経理をした納税充当金	4	6,344,600	6,344,600		
	損金経理をした附帯税（利子税を除く。）、加算金、延滞金（延納分を除く。）及び過怠税	5			その他	
	減 価 償 却 の 償 却 超 過 額	6				
	役 員 給 与 の 損 金 不 算 入 額	7			その他	
	交 際 費 等 の 損 金 不 算 入 額	8			その他	
算		9				
		10				
	小　　　　　計	11	6,344,600	6,344,600		
減	減価償却超過額の当期認容額	12	49,493	49,493		
	納税充当金から支出した事業税等の金額	13	124,800	124,800		
	受取配当等の益金不算入額（別表八（一）「13」又は「26」）	14			※	
	外国子会社から受ける剰余金の配当等の益金不算入額（別表八（二）「26」）	15			※	
	受 贈 益 の 益 金 不 算 入 額	16			※	
	適格現物分配に係る益金不算入額	17			※	
	法人税等の中間納付額及び過誤納に係る還付金額	18				
算	所得税額等及び欠損金の繰戻しによる還付金額等	19			※	
		20				
	小　　　　　計	21	174,293	174,293	外※	
	仮　　　計 (1)+(11)-(21)	22	19,602,514	19,602,514	外※	
関連者等に係る支払利子等の損金不算入額（別表十七（二の二）「24」又は「29」）		23			その他	
超 過 利 子 額 の 損 金 算 入 額（別表十七（二の三）「10」）		24			※	
仮　　計 （(22)から(24)までの計）		25	19,602,514	19,602,514	外※	
被合併法人等の最終の事業年度の欠損金の損金算入額		26			※	
寄 附 金 の 損 金 不 算 入 額（別表十四（二）「24」又は「40」）		27			その他	
沖縄の認定法人又は国家戦略特別区域における指定法人の所得の特別控除額（別表十（一）「9」若しくは「13」又は別表十（二）「8」）		28			※	
法 人 税 額 か ら 控 除 さ れ る 所 得 税 額（別表六（一）「6の③」）		29			その他	
税額控除の対象となる外国法人税の額（別表六（二の二）「7」）		30			その他	
分配時調整外国税相当額及び外国関係会社等に係る控除対象所得税額等相当額（別表六（五の二）「5の②」＋別表十七（三の六）「1」）		31			その他	
組合等損失額の損金不算入額又は組合等損失超過合計額の損金算入額（別表九（二）「10」）		32				
対外船舶運航事業者の日本船舶による収入金額に係る所得の金額の損金算入額又は益金算入額（別表十（四）「20」、「21」又は「23」）		33			※	
合　　　計 (25)+(26)+(27)+(28)+(29)+(30)+(31)+(32)±(33)		34	19,602,514	19,602,514	外※	
契 約 者 配 当 の 益 金 算 入 額（別表九（一）「13」）		35				
特定目的会社等の支払配当又は特定目的信託に係る受託法人の利益の分配等の損金算入額（別表十（七）「13」、別表十（八）「10」又は別表十（九）「13」）		36				
中間申告における繰戻しによる還付に係る災害損失欠損金額の益金算入額		37			※	
非適格合併又は残余財産の全部分配等による移転資産等の譲渡利益額又は譲渡損失額		38			※	
差　　　引　　　計 （(34)から(38)までの計）		39	19,602,514	19,602,514	外※	
欠損金又は災害損失金等の当期控除額（別表七（一）「4の計」＋（別表七（二）「9」若しくは「21」又は別表七（三）「10」））		40			※	
総　　　　計 （39）＋（40）		41	19,602,514	19,602,514	外※	
新鉱床探鉱費又は海外新鉱床探鉱費の特別控除額（別表十（三）「43」）		42			※	
農業経営基盤強化準備金積立額の損金算入額（別表十二（十三）「10」）		43				
農用地等を取得した場合の圧縮額の損金算入額（別表十二（十三）「43の計」）		44				
関西国際空港用地整備準備金積立額、中部国際空港整備準備金積立額又は再投資等準備金積立額の損金算入額（別表十二（十一）「15」、別表十二（十二）「10」又は別表十二（十五）「12」）		45				
残余財産の確定の日の属する事業年度に係る事業税の損金算入額		46				
所 得 金 額 又 は 欠 損 金 額	47	19,602,514	19,602,514	外※	

217

利益積立金額及び資本金等の額の計算に
関する明細書

事業年度	平成31・4・1 令和 2・3・31	法人名	株式会社償却工場

I　利益積立金額の計算に関する明細書

区　　　分		期首現在利益積立金額 ①	当期の増減 減 ②	当期の増減 増 ③	差引翌期首現在利益積立金額 ①-②+③ ④
利　益　準　備　金	1	円	円	円	円
修繕費否認（構築物）	2	247,468	49,493		197,975
資　本　金　等　の　額	3	30,000,000			30,000,000
	4				
	5				
	6				
	7				
	8				
	9				
	10				
	11				
	12				
	13				
	14				
	15				
	16				
	17				
	18				
	19				
	20				
	21				
	22				
	23				
	24				
	25				
繰越損益金（損は赤）	26	125,985,141	125,985,141	139,417,348	139,417,348
納　税　充　当　金	27	489,400	489,400	6,344,600	6,344,600
未納法人税等（退職年金等積立金に対するものを除く。） 未納法人税及び未納地方法人税（附帯税を除く。）	28	△324,500	△324,500	中間 確定 △4,062,800	△4,062,800
未納道府県民税（均等割額を含む。）	29	△40,100	△40,100	中間 確定 △681,900	△681,900
未納市町村民税（均等割額を含む。）	30			中間 確定	
差　引　合　計　額	31	156,357,409	126,159,434	141,017,248	171,215,223

II　資本金等の額の計算に関する明細書

区　　　分		期首現在資本金等の額 ①	当期の増減 減 ②	当期の増減 増 ③	差引翌期首現在資本金等の額 ①-②+③ ④
資本金又は出資金	32	50,000,000 円	円	円	50,000,000 円
資　本　準　備　金	33				
利　益　積　立　金　額	34	△30,000,000			△30,000,000
	35				
差　引　合　計　額	36	20,000,000			20,000,000

218

① 旧定率法又は定率法による減価償却資産の償却額の計算に関する明細書

事業年度又は連結事業年度	平成 31・4・1 令和 2・3・31	法人名	株式会社償却工場

別表十六(二)　平三十一・四・一以後終了事業年度又は連結事業年度分

資産区分	項目		建物附属設備	構築物	旧定率法計		合計
	種類	1					
	構造	2					
	細目	3					
	取得年月日	4	・・・	・・・	・・・	・・・	・・・
	事業の用に供した年月	5	・・	・・	・・	・・	・・
	耐用年数	6	年	年	年	年	年
取得価額	取得価額又は製作価額	7	2,192,858	751,410	2,944,268		7,946,338
	圧縮記帳による積立金計上額	8					
	差引取得価額 (7)-(8)	9	2,192,858	751,410	2,944,268		7,946,338
償却額計算の基礎となる額	償却額計算の対象となる期末現在の帳簿記載金額	10	109,643	19,072	128,715		2,392,760
	期末現在の積立金の額	11					
	積立金の期中取崩額	12					
	差引帳簿記載金額 (10)-(11)-(12)	13	109,643	19,072	128,715		2,392,760
	損金に計上した当期償却額	14	11,488	2,003	13,491		1,112,510
	前期から繰り越した償却超過額	15					
	合計 (13)+(14)+(15)	16	121,131	21,075	142,206		3,505,270
	前期から繰り越した特別償却不足額又は合併等特別償却不足額	17					
	償却額計算の基礎となる金額 (16)-(17)	18	121,131	21,075	142,206		3,505,270
当期分の普通償却限度額等	平成19年3月31日以前取得分 差引取得価額×5% (9)×5/100	19	109,643	37,571	147,214		147,214
	旧定率法の償却率	20					
	(16)>(19)の場合 算出償却額 (18)×(20)	21	17,199	2,991	20,190		20,190
	増加償却額 (21)×割増率	22	( )	( )	( )		( )
	計 (21)+(22)又は(18)-(19)	23	11,488	1,999	13,487		13,487
	(16)≦(19)の場合 算出償却額 ((19)-1円)×12/60	24		4	4		4
	平成19年4月1日以後取得分 定率法の償却率	25					
	調整前償却額 (18)×(25)	26	円	円	円	円	1,099,019
	保証率	27					
	償却保証額 (9)×(27)	28	円	円	円	円	518,563
	(26)<(28)の場合 改定取得価額	29					228,014
	改定償却率	30					
	改定償却額 (29)×(30)	31	円	円	円	円	
	増加償却額 ((26)又は(31))×割増率	32	( )	( )	( )	( )	( )
	計 ((26)又は(31))+(32)	33					1,099,019
	当期分の普通償却限度額等 (23)、(24)又は(33)	34	11,488	2,003	13,491		1,112,510
当期分の償却限度額	特別償却限度額 租税特別措置法適用条項	35	条 項 ( )	条 項 ( )	条 項 ( )	条 項 ( )	条 項 ( )
	特別償却限度額	36	円	円	円	円	円
	前期から繰り越した特別償却不足額又は合併等特別償却不足額	37					
	合計 (34)+(36)+(37)	38	11,488	2,003	13,491		1,112,510
	当期償却額	39	11,488	2,003	13,491		1,112,510
差引	償却不足額 (38)-(39)	40					
	償却超過額 (39)-(38)	41					
償却超過額	前期からの繰越額	42		247,468			247,468
	当期損金認容額 償却不足によるもの	43		49,493			49,493
	積立金取崩しによるもの	44					
	差引合計翌期への繰越額 (41)+(42)-(43)-(44)	45					
特別償却不足額	翌期に繰り越すべき特別償却不足額 ((40)-(43))と((36)+(37))のうち少ない金額	46					
	当期において切り捨てる特別償却不足額又は合併等特別償却不足額	47					
	差引翌期への繰越額 (46)-(47)	48					
	翌期繰越額の内訳	49					
	当期分不足額	50					
	適格組織再編成により引き継ぐべき合併等特別償却不足額 ((40)-(43))と(36)のうち少ない金額	51					
備考							

219

記載例

① 少額減価償却資産の取得価額の損金算入の特例に関する明細書		事業年度又は連結事業年度	平成 31・4・1 令和 2・3・31	法人名	株式会社償却工場			

資産区分	種類	1	工具器具及び備品	工具器具及び備品			
	構造	2	事務機器及び通信機器	事務機器及び通信機器			
	細目	3	電子計算機	電子計算機			
	事業の用に供した年月	4	令 2・2	令 1・12	・	・	・
取得価額	取得価額又は製作価額	5	(P225)⑨ 258,800 円	(P225)⑧ 180,000 円	円	円	円
	法人税法上の圧縮記帳による積立金計上額	6					
	差引改定取得価額 (5)-(6)	7	258,800	180,000			
資産区分	種類	1					
	構造	2					
	細目	3					
	事業の用に供した年月	4	・	・	・	・	・
取得価額	取得価額又は製作価額	5	円	円	円	円	円
	法人税法上の圧縮記帳による積立金計上額	6					
	差引改定取得価額 (5)-(6)	7					
資産区分	種類	1					
	構造	2					
	細目	3					
	事業の用に供した年月	4	・	・	・	・	・
取得価額	取得価額又は製作価額	5	円	円	円	円	円
	法人税法上の圧縮記帳による積立金計上額	6					
	差引改定取得価額 (5)-(6)	7					
当期の少額減価償却資産の取得価額の合計額 ((7)の計)		8					438,800 円

（参考資料）
償却超過額の推移表

資産名称	修繕費否認
取得年月	平成28年2月
耐用年数	10年
取得価額	500,000
償却率	0.200
償却方法	定率法

	当期損金認容額	償却超過額
平成28年3月期	16,666	483,334
平成29年3月期	96,666	386,668
平成30年3月期	77,333	309,335
平成31年3月期	61,867	247,468
令和2年3月期	49,493	197,975
令和3年3月期	39,595	**158,380**

〔過年度分：平成28年3月期〕

所得の金額の計算に関する明細書

事業年度	平成27・4・1 平成28・3・31	法人名	株式会社償却工場

区　分		総　額 ①	処　　分	
			留　保 ②	社　外　流　出 ③
当期利益又は当期欠損の額	1	9,270,376 円	9,270,376 円	配当 / その他 円
加	損金経理をした法人税、地方法人税及び復興特別法人税（附帯税を除く。）	2	127,800	127,800	
	損金経理をした道府県民税（利子割額を除く。）及び市町村民税	3	127,100	127,100	
	損金経理をした納税県民税利子割額	4	1,762	1,762	
	損金経理をした納税充当金	5	3,872,400	3,872,400	
	損金経理をした附帯税（利子税を除く。）、加算金、延滞金（延納分を除く。）及び過怠税	6			その他
	減価償却の償却超過額	7	483,334	483,334	
算	役員給与の損金不算入額	8			その他
	交際費等の損金不算入額	9			その他
		10			
	小　　計	11	4,612,396	4,612,396	
減	減価償却超過額の当期認容額	12			
	納税充当金から支出した事業税等の金額	13			
	受取配当等の益金不算入額（別表八（一）「16」又は「33」）	14			※
	外国子会社から受ける剰余金の配当等の益金不算入額（別表八（二）「13」）	15			※
	受贈益の益金不算入額	16			※
	適格現物分配に係る益金不算入額	17			※
算	法人税等の中間納付額及び過誤納に係る還付金額	18			
	所得税額等及び欠損金の繰戻しによる還付金額等	19			※
		20			
	小　　計	21			外※
仮　　計 (1)+(11)-(21)		22	13,882,772	13,882,772	外※
関連者等に係る支払利子等の損金不算入額（別表十七（二の二）「25」）		23			その他
超過利子額の損金算入額（別表十七（二の三）「10」）		24			※
仮　　計 (22)から(24)までの計		25	13,882,772	13,882,772	外※
寄附金の損金不算入額（別表十四（二）「24」又は「40」）		26			その他
沖縄の認定法人の所得の特別控除額（別表十（一）「9」又は「13」）		27			※
国際戦略総合特別区域における指定特定事業法人の所得の金額の損金算入額又は益金算入額（別表十（二）「7」又は「9」）		28			※
法人税額から控除される所得税額及び復興特別所得税額（別表六（一）「13」＋復興特別所得税額に関する明細書「6の③」）		29			その他
税額控除の対象となる外国法人税の額（別表六（二の二）「7」）		30			その他
組合等損失額の損金不算入額又は組合等損失超過合計額の損金算入額（別表九（二）「10」）		31			
対外船舶運航事業者の日本船舶による収入金額に係る所得の金額の損金算入額又は益金算入額（別表十（四）「20」、「21」又は「23」）		32			※
合　　計 (25)+(26)+(27)+(28)+(29)+(30)+(31)±(32)		33	13,882,772	13,882,772	外※
契約者配当の益金算入額（別表九（一）「13」）		34			
特定目的会社等の支払配当又は特定目的信託に係る受託法人の利益の分配等の損金算入額（別表十（七）「13」、別表十（八）「11」又は別表十（九）「11」若しくは「21」）		35			
非適格合併又は残余財産の全部分配等による移転資産等の譲渡利益額又は譲渡損失額		36			※
差　　引　計 (33)から(36)までの計		37	13,882,772	13,882,772	外※
欠損金又は災害損失金等の当期控除額（別表七（一）「4の計」・（別表七（二）「9」若しくは「21」又は別表七（三）「10」））		38			※
総　　計 (37)+(38)		39	13,882,772	13,882,772	外※
新鉱床探鉱費又は海外新鉱床探鉱費の特別控除額（別表十（三）「40」）		40			※
農業経営基盤強化準備金積立額の損金算入額（別表十二（十四）「10」）		41			
農用地等を取得した場合の圧縮額の損金算入額（別表十二（十四）「43の計」）		42			
関西国際空港用地整備準備金積立額の損金算入額（別表十二（十一）「15」）		43			
中部国際空港整備準備金積立額の損金算入額（別表十二（十二）「10」）		44			
再投資等準備金積立額の損金算入額（別表十二（十五）「12」）		45			
残余財産の確定の日の属する事業年度に係る事業税の損金算入額		46			
所得金額又は欠損金額		47	13,882,772	13,882,772	外※

法 0301- 0401

222

利益積立金額及び資本金等の額の計算に
関する明細書

<table>
<tr><td>事業
年度</td><td>平成 27・4・1
平成 28・3・31</td><td>法人名</td><td>株式会社償却工場</td></tr>
</table>

別表五(一)

平二十七・四・一 以後終了事業年度分

記載例

I　利益積立金額の計算に関する明細書

区分		期首現在 利益積立金額 ①	当期の増減 減 ②	当期の増減 増 ③	差引翌期首現在 利益積立金額 ①-②+③ ④
利 益 準 備 金	1	円	円	円	円
修 繕 費 否 認 （ 構 築 物 ）	2			483,334	483,334
	3				
	4				
	5				
	6				
	7				
	8				
	9				
	10				
	11				
	12				
	13				
	14				
	15				
	16				
	17				
	18				
	19				
	20				
	21				
	22				
	23				
	24				
	25				
繰 越 損 益 金 （ 損 は 赤 ）	26	120,000,000	120,000,000	129,270,376	129,270,376
納 税 充 当 金	27	131,300	131,300	3,872,400	3,872,400
未納法人税等（退職年金等積立金に対するものを除く。） 未納法人税、未納地方法人税及び未納復興特別法人税（附帯税を除く。）	28	△25,800	△153,600	中間 △127,800 確定 △2,592,500	△2,592,500
未 納 道 府 県 民 税（均等割額及び利子割額を含む。）	29	△27,500	△62,462	中間 △34,962 確定 △516,000	△516,000
未 納 市 町 村 民 税（均等割額を含む。）	30	△78,000	△171,900	中間 △93,900 確定	0
差 引 合 計 額	31	120,000,000	119,743,338	130,260,948	130,517,610

II　資本金等の額の計算に関する明細書

区分		期首現在 資本金等の額 ①	当期の増減 減 ②	当期の増減 増 ③	差引翌期首現在 資本金等の額 ①-②+③ ④
資 本 金 又 は 出 資 金	32	20,000,000 円	円	円	20,000,000 円
資 本 準 備 金	33				
	34				
	35				
差 引 合 計 額	36	20,000,000			20,000,000

法 0301－0501

223

① 旧定率法又は定率法による減価償却資産の償却額の計算に関する明細書

事業年度又は連結事業年度	平成 27・4・1 平成 28・3・31	法人名	株式会社償却工場

資産区分	種類	1	構築物	器具備品	旧定率法		
	構造		(P225)⑤		小計		
	細目	3	修繕費否認				
	取得年月日	4	平28・2・1				
	事業の用に供した年月	5	平28・2				
	耐用年数	6	10	年	年	年	年
取得価額	取得価額又は製作価額	7	500,000	650,000	4,094,268	外 円	外 円
	圧縮記帳による積立金計上額	8					
	差引取得価額 (7) − (8)	9	500,000	650,000	4,094,268		
償却額計算の基礎となる額	償却額計算の対象となる期末現在の帳簿記載金額	10	0	26,001	262,227		
	期末現在の積立金の額	11					
	積立金の期中取崩額	12					
	差引帳簿記載金額 (10) − (11) − (12)	13	外 0	外 26,001	外 262,227	外	外
	損金に計上した当期償却額	14	500,000	6,499	547,454		
	前期から繰り越した償却超過額	15	外	外	外	外	外
	合計 (13) + (14) + (15)	16	500,000	32,500	809,681		
	前期から繰り越した特別償却不足額又は合併等特別償却不足額	17					
	償却額計算の基礎となる金額 (16) − (17)	18	500,000	32,500	809,681		
当期分の普通償却限度額等	平成19年3月31日以前取得分	差引取得価額 × 5% (9) × 5/100	19		外 32,500	外 179,714		
		旧定率法の償却率	20					
		算出償却額 (18) × (20)	21	円	円	37,256 円	円	円
		増加償却額 (21) × 割増率	22	( )	( )	( )	( )	( )
		計 ((21) + (22))又は(18) − (19)	23			37,256		
		算出償却額 ((19) − 1円) × 12/60	24		6,499	10,198		
	平成19年4月1日以後取得分	定率法の償却率	25	0.200 (2/12)				
		調整前償却額 (18) × (25)	26	(100,000) 16,666		16,666		
		保証率	27	0.06552				
		償却保証額 (9) × (27)	28	32,760 円	円	32,760 円	円	円
		改定取得価額	29					
		改定償却額 (29) × (30)	31	円	円	円	円	円
		増加償却額 ((26)又は(31)) × 割増率	32	( )	( )	( )	( )	( )
		計 ((26)又は(31)) + (32)	33	16,666		16,666		
	当期分の普通償却限度額等 (23)、(24)又は(33)	34	16,666	6,499	64,120		
当期分の償却限度額	特別償却又は割増償却	租税特別措置法適用条項	35	条 項	条 項	条 項	条 項	条 項
		特別償却限度額	36	外 円	外 円	外 円	外 円	外 円
	前期から繰り越した特別償却不足額又は合併等特別償却不足額	37					
	合計 (34) + (36) + (37)	38	16,666	6,499	64,120		
当期償却額		39	500,000	6,499	547,454		
差引	償却不足額 (38) − (39)	40					
	償却超過額 (39) − (38)	41	483,334		483,334		
償却超過額	前期からの繰越額	42	外	外	外	外	外
	当期認容額	償却不足によるもの	43					
		積立金取崩しによるもの	44					
	差引合計翌期への繰越額 (41) + (42) − (43) − (44)	45	483,334		483,334		
特別償却不足額	翌期に繰り越すべき特別償却不足額 ((40) − (43))と((36) + (37))のうち少ない金額)	46					
	当期において切り捨てる特別償却不足額又は合併等特別償却不足額	47					
	差引翌期への繰越額 (46) − (47)	48					
	翌期繰越額の内訳	平・・ 平・・	49					
		当期分不足額	50					
適格組織再編成により引き継ぐべき合併等特別償却不足額 ((40) − (43))と(36)のうち少ない金額)		51					
備考							

法 0301 − 1602

224

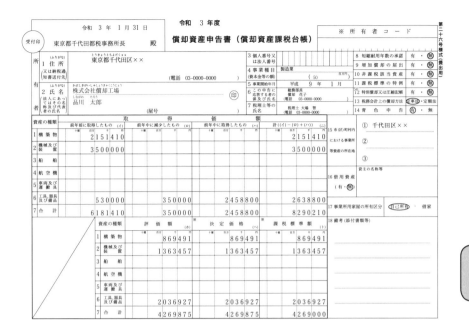

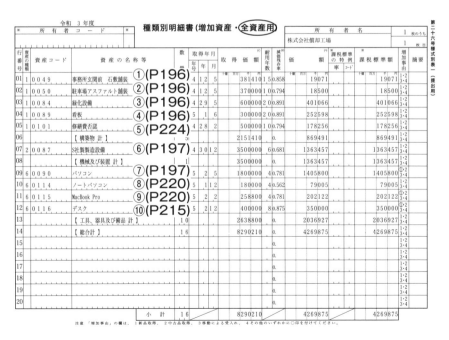

種類別明細書(増加資産・全資産用)

所有者名		
株式会社償却工場	1 枚のうち	
	1 枚目	

行番号	資産の種類	資産コード	資産の名称等	数量	取得年月 年号 年 月	取得価額	耐用年数	(1)減価残存率	価額	課税標準の特例 率 コード	課税標準額	増加事由	摘要
01	6	0 0 9 0	パソコン	5	5 2 5	1800000	4	0.781	1405800		1405800	①·2 3·4	
02	6	0 1 1 5	MacBook Pro	1	5 2 2	258800	4	0.781	202122		202122	①·2 3·4	
03	6	0 1 1 6	デスク	3	5 2 2	400000	8	0.875	350000		350000	①·2 3·4	
04			【工具、器具及び備品 計】	9		2458800		0.	1957922		1957922	1·2 3·4	
05			【総合計】	9		2458800		0.	1957922		1957922	1·2 3·4	
06								0.				1·2 3·4	
07								0.				1·2 3·4	
08								0.				1·2 3·4	
09								0.				1·2 3·4	
10								0.				1·2 3·4	
11								0.				1·2 3·4	
12								0.				1·2 3·4	
13								0.				1·2 3·4	
14								0.				1·2 3·4	
15								0.				1·2 3·4	
16								0.				1·2 3·4	
17								0.				1·2 3·4	
18								0.				1·2 3·4	
19								0.				1·2 3·4	
20								0.				1·2 3·4	
			小 計	9		2458800			1957922		1957922		

注意 「増加事由」の欄は、 1新品取得、 2中古品取得、 3移動による受入れ、 4その他のいずれかに○印を付けてください。

種類別明細書(減少資産用)

所有者名		
株式会社償却工場	1 枚のうち	
	1 枚目	

行番号	資産の種類	抹消コード	資産の名称等	数量	取得年月 年号 年 月	取得価額	耐用年数	申告年度	減少の事由及び区分 1売却 2滅失 3移動 4その他 / 全部 一部	摘要
01	6	0 0 8 6	応接セット ⑪(P197)	1	4 3 0 2	350000	8	3 1	①·2·3·4 ①·2	
02			【工具、器具及び備品 計】	1		350000			1·2·3·4 1·2	
03			【総合計】	1		350000			1·2·3·4 1·2	
04									1·2·3·4 1·2	
05									1·2·3·4 1·2	
06									1·2·3·4 1·2	
07									1·2·3·4 1·2	
08									1·2·3·4 1·2	
09									1·2·3·4 1·2	
10									1·2·3·4 1·2	
11									1·2·3·4 1·2	
12									1·2·3·4 1·2	
13									1·2·3·4 1·2	
14									1·2·3·4 1·2	
15									1·2·3·4 1·2	
16									1·2·3·4 1·2	
17									1·2·3·4 1·2	
18									1·2·3·4 1·2	
19									1·2·3·4 1·2	
20									1·2·3·4 1·2	
			小 計	1		350000				

参考文献

・令和 3 年度　固定資産税関係資料集 I ―統括的資料編―（資産評価システム研究センター）令和 3 年 5 月発行

・令和 3 年度　固定資産税関係資料集Ⅲ―償却資産調査編―（資産評価システム研究センター）令和 3 年 5 月発行

・令和 3 年 3 月改訂　固定資産税　償却資産実務の手引き（東京税務協会）令和 3 年 5 月発行

・元税務職員が調査事例からアドバイス　償却資産の固定資産税申告Ｑ＆Ａ　笹目孝夫著（ぎょうせい）令和 2 年 9 月発行

・令和 3 年度版　固定資産税における償却資産の申告と実務　償却資産実務研究会編（法令出版）令和 2 年 12 月発行

・令和 3 年版　図解地方税　石橋茂編（大蔵財務協会）令和 3 年 6 月発行

・令和 2 年版　図解国税通則法　黒坂昭一、佐藤謙一編（大蔵財務協会）令和 2 年 10 月発行

・租税法　第二十三版　金子宏著（弘文堂）平成 31 年 2 月発行

・六訂版　注解所得税法　注解所得税法研究会編（大蔵財務協会）平成31 年 1 月発行

・償却資産に関する調査研究―償却資産の課税客体の捕捉の推進について―（資産評価システム研究センター）平成 27 年 3 月

・平成 16 年度版改正税法のすべて　住澤整ほか著（大蔵財務協会）平成 16 年 6 月発行

・税務通信　平成 28 年 10 月 10 日付 3428 号（税務研究会）

・地方税　平成 17 年 7 月号（地方財務協会）

・経済産業省スキルスタンダート本編　平成 15 年

・税務大学校講本　税法入門　令和 3 年度版

・税務大学校講本　法人税法　令和3年度版

・税務大学校講本　所得税法　令和3年度版

・令和3年度固定資産税（償却資産）申告の手引き（東京都及び各市町村）

〔著　者〕

大場　智（おおば　さとる）

　平成14年東京都庁入庁。千代田都税事務所固定資産税課、主税局資産税部固定資産評価課、港都税事務所法人事業税課等に従事した後、平成24年退職。平成25年税理士登録。税理士法人勤務を経て平成27年大場智税理士事務所を開業。現在、曙橋税法研究会副代表世話人。一般社団法人資産評価システム研究センター特任講師。

　主な著書　「詳解　会社税務事例」（共著・第一法規）、「図解中小企業税制（令和3年版）」（共著・大蔵財務協会、令和3年10月）、「同族会社のための税務（改訂版）」（共著・大蔵財務協会、平成30年2月）、「事業再生税務必携」（共著・大蔵財務協会、平成29年3月）他。

償却資産　実務と調査の基本

令和 3 年11月30日　初版印刷
令和 3 年12月10日　初版発行

不　許
複　製

著　者　　大　場　　　智

（一財）大蔵財務協会 理事長
発行者　　木　村　幸　俊

発行所　一般財団法人　大　蔵　財　務　協　会

〔郵便番号　130-8585〕
東京都墨田区東駒形 1 丁目14番 1 号
TEL（販　売　部）03（3829）4141　　FAX（販　売　部）03（3829）4001
　　（出版編集部）03（3829）4142　　　　　（出版編集部）03（3829）4005
http://www.zaikyo.or.jp

落丁・乱丁はお取替えいたします。　　　印刷　美研プリンティング株式会社
ISBN978-4-7547-2969-1